KU-258-939

Mitos
Aztecas y Mayas

Agradecimientos

Quisiera expresar mi agradecimiento al Dr. Stephen Houston de la Universidad de Vanderbilt, a la Dra. Mary Ellen Miller de la Universidad de Yale y a Nina Shandloff, Editora Jefe de British Museum Press, por los valiosos e inestimables comentarios y sugerencias que me han ofrecido durante la preparación de este libro. Estoy, así mismo, en deuda con Justin Kerr al haberme proporcionado tan generosamente la fotografía de la portada, y además quisiera dar las gracias más sinceras a la Akademische Druck-und Verlagsanstalt de Graz (Austria), por haberme concedido autorización para publicar fotografías de sus extraordinarios facsímiles de códices mesoamericanos. El Dr. Iain Mackay del Museo Británico me proporcionó gran ayuda al facilitarme el acceso al archivo fotográfico del Museum of Mankind. Deseo además agradecer y expresar mi reconocimiento muy especialmente a la Dra. Emily Umberger de la Universidad de Arizona, Tempe, por permitirme disponer de su dibujo de línea del Calendario azteca, y a mi difunta abuela, Alice Wesche, por el dibujo que realizó de la estatuilla del jugador de pelota, dios de la muerte maya. Las citas de los textos coloniales concretos están directamente tomadas de las obras de Miguel León-Portilla, Arthur J.O. Anderson y Charles E. Dibble, Dennis Tedlock, Alfred M. Tozzer, Ralph L. Roys y Munro S. Edmonson. En ocasiones, los textos originales de dichos autores han sido ligeramente modificados con el fin de adecuarse a la ortografía y puntuación utilizadas en el presente volumen. En la bibliografía sugerida al final del libro ofrecemos detalles sobre cada una de dichas fuentes.

EL PASADO LEGENDARIO

Mitos

Aztecas y Mayas

KARL TAUBE

Traducción de
Ana Pérez Humanes

akal
ediciones

Título original: *Aztec and Maya Myths*
© British Museum, 1993
© Ediciones Akal, S. A., 1996
Para todos los países de habla hispana
Los Berrocales del Jarama
Apdo. 400. Torrejón de Ardoz
Madrid (España)
Teléfs. (91) 656 56 11 - 656 51 57
Fax (91) 656 49 11
ISBN: 84-460-0611-1
Depósito legal: M. 12.721-1996
Impreso en Grefol, S.A.
Móstoles (Madrid)
DISEÑO: Gill Mouqué and Diane Butler
DISEÑO DE PORTADA: Slatter-Anderson. Foto: Justin Kerr

PORTADA: El dios del maíz, flanqueado por sus hijos Hunahpú y Xbalanqué, emergiendo de las entrañas de la tierra representada como la concha abierta de una tortuga marina. Detalle perteneciente a un cuenco maya del período Clásico Tardío.

Reservados todos los derechos. De acuerdo a lo dispuesto en el art. 534-bis, a), del Código Penal, podrán ser castigados con penas de multa y privación de libertad quienes reproduzcan o plagien, en todo o en parte, una obra literaria, artística o científica fijada en cualquier tipo de soporte sin la preceptiva autorización.

La gran ciudad de Teotihuacán, lugar de nacimiento del sol y de la luna en la mitología de la región central de México en el período Postclásico.

Índice

CENTRAL LIBRARY
THE BRITISH MUSEUM
WITHDRAWN

BM7 (TAV)

3667

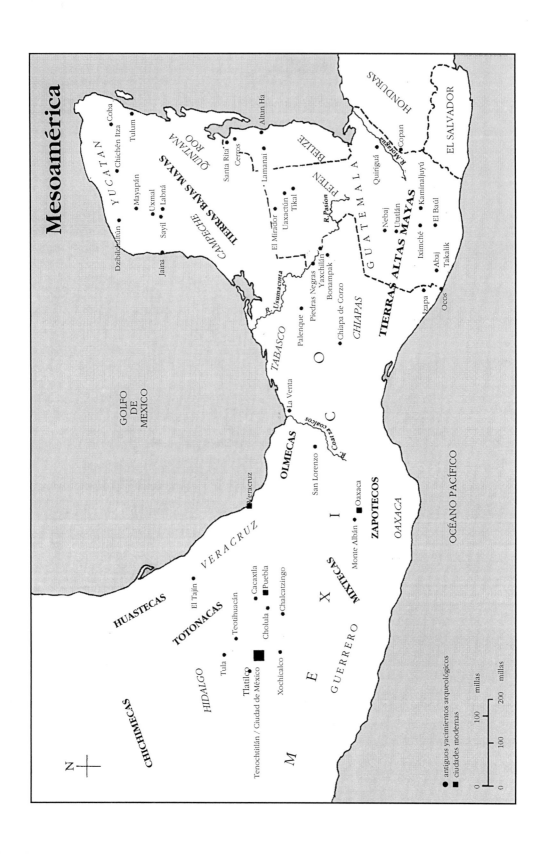

Mesoamérica

CHICHIMECAS

HIDALGO

M E X I C A S

GUERRERO

MIXTECAS

OAXACA

ZAPOTECOS

OLMECAS

VERACRUZ

TOTONACAS

HUASTECAS

Tula

Tenochtitlán / Ciudad de México

Tlatilco

Xochicalco

Chalcatzingo

Cholula

Puebla

Cacaxtla

Teotihuacán

El Tajín

Veracruz

Monte Albán ■ Oaxaca

San Lorenzo

La Venta

TABASCO

Coatzacoalcos

R.

GOLFO DE MÉXICO

OCÉANO PACÍFICO

Palenque

Piedras Negras

Yaxchilán

Bonampak

Chiapa de Corzo

CHIAPAS

Usumacinta

R.

Izapa

Ocos

Takalik

Abaj

Ixmché

El Baúl

Kaminaljuyú

TIERRAS ALTAS MAYAS

GUATEMALA

Nebaj

Utatlán

PETÉN

R. Pasión

El Mirador

Uaxactún

Tikal

BELICE

Lamanai

Altun Ha

Cerros

Santa Rita

QUINTANA ROO

Tulum

Coba

Chichén Itzá

Mayapán

Uxmal

Labná

Sayil

Y U C A T A N

Dzibilchaltún

Jaina

CAMPECHE

TIERRAS BAJAS MAYAS

HONDURAS

Copán

R. Motagua

Quiriguá

EL SALVADOR

N

• antiguos yacimientos arqueológicos
■ ciudades modernas

0   100   100   200   millas

0   100   millas

Introducción

Aunque 1492 marcó el contacto inicial entre los pueblos del Nuevo Mundo y la Europa renacentista, fue a principios del siglo XVI cuando los exploradores españoles se encontraron por primera vez con las grandes civilizaciones indígenas del sur de México y de la vecina América Central. Los pueblos de esta región vivían en grandes ciudades regidas por complejas formas de administración y gobierno, empleaban intrincados sistemas de escritura y de nombres para designar las fechas del calendario, y celebraban sus fiestas con refinada poesía, música, danza y arte. Desgraciadamente, no fue la existencia de una sofisticada cultura sino la promesa de tesoros y riquezas lo que atrajo a los primeros europeos. En 1521, la capital azteca de Tenochtitlán fue conquistada y saqueada, y sólo una mínima parte de sus tesoros fueron preservados o recogidos en las crónicas para la posteridad. El artista alemán Alberto Durero comentó al contemplar en Bruselas en el año 1520 los tesoros aztecas previamente enviados al rey Carlos V por Hernán Cortés: «Jamás en los años que he vivido he visto nada que regocije mi corazón tanto como estos objetos, porque entre ellos he descubierto hermosas obras de arte, y me he maravillado ante las clarividentes inteligencias de hombres procedentes de lugares foráneos.» Aunque ello resultara difícil de entender para Durero, estas mismas obras de arte reflejaban complejos sistemas de pensamiento no menos exquisitos que los objetos en sí.

Es fácil lamentar la masiva destrucción, en la época de la conquista española, de códices en forma de biombo, esculturas y otras obras nativas, pero una pérdida cultural mucho más profunda fue la desaparición de costumbres y creencias indígenas a causa de la muerte y la enfermedad, la esclavitud y la conversión religiosa en masa. Sin embargo, aunque una gran parte de la mitología presentada en este libro ha podido llegar hasta nosotros gracias a esas pocas obras preciosas –en la actualidad cuidadosamente conservadas en los más importantes museos y bibliotecas de todo el mundo– en modo alguno es ésta una descripción de los dioses muertos de un pueblo extinguido; mucha de esta mitología ha pervivido hasta nuestros días en las creencias y el habla de los descendientes vivos de aztecas, mayas y otros pueblos indígenas de México y Centroamérica.

La región ocupada por los antiguos aztecas y mayas, a la que comúnmente nos referimos en la actualidad como Mesoamérica, es un área que comprende el sur y el este de México, toda Guatemala, Belice y El Salvador, el oeste y el sur de Honduras, y toda la costa de América Central bañada por el Pacífico, hasta la Península de Nicoya en Costa Rica. Los antiguos pueblos mesoamericanos compartían una serie de rasgos culturales comunes; entre los más interesantes están la existencia de dos calendarios de 260 y 365 días que se combinaban resultando de ambos un gran ciclo de aproximadamente 52 años, la escritura jeroglífica, los códices en forma de biombo y el juego de pelota con anillos. Aunque las tribus que habitaban esta zona pertenecían a muchas culturas diferentes, y hablando con frecuencia lenguas mutuamente ininteligibles, existió, no obstante, un amplio contacto durante milenios a través de la emigración, el comercio, las conquistas y las peregrinaciones. No es, por tanto, extraño que muchos temas sean compartidos por las mitologías de aztecas, mayas y otros pueblos de la antigua Mesoamérica.

Ciertos dioses, símbolos y episodios míticos descritos en este libro podrían parecer sorprendentemente similares a algunos ejemplos que hallamos en el Viejo Mundo; sin embargo, su procedencia es completamente independiente, y no hay evidencias de que existiera ningún intercambio entre las civilizaciones del Viejo y el Nuevo Mundo anterior al siglo XVI. Junto con todos los demás pueblos indígenas del Nuevo Mundo, los habitantes de Mesoamérica llegaron allí cruzando el Estrecho de Bering entre Siberia y Alaska casi a finales del Período Glaciar. Realmente, ciertas creencias mesoamericanas, tales como la transformación chamánica, el conejo lunar, y la importancia de las direcciones del mundo y los árboles de la creación, sugieren claramente un vínculo con Asia Oriental y muy bien podrían haber sido introducidas por estos primeros inmigrantes, probablemente en una época tan remota como el milenio X a.C.

Historia Antigua Mesoamericana

En comparación con Sumer, Egipto y otras civilizaciones antiguas del Viejo Mundo, las civilizaciones de Mesoamérica tienen un origen relativamente reciente. La Civilización Olmeca, la primera gran cultura de la región, y tal vez la primera que merece el término de civilización, se desarrolló en las tierras bajas tropicales al sur de Veracruz y en el vecino Estado de Tabasco. En el siglo XII a.C. los olmecas ya estaban construyendo una arquitectura ceremonial y una escultura monumental que representaba una compleja iconografía del cosmos, los dioses y los símbolos de un sistema de gobierno. Como ocurriría en posteriores sociedades mesoamericanas, la economía olmeca dependía de la agricultura, especialmente del maíz –que sigue siendo aún el cultivo más importante en la Mesoamérica actual. Otra de las primeras civilizaciones, la de los zapotecos de las tierras altas de Oaxaca, produjo los ejemplos más tempranos de inscripciones de nombres calendáricos y escritura en la zona, y hacia el año 600 a.C. ya utilizaban un cómputo calendárico de gran significación histórica. La ciudad de Monte Albán, situada en la montaña, sirvió a los zapotecos como capital durante más de mil años. Mientras que la cultura olmeca se había extinguido hacia el año 400 a.C., el zapoteco continua siendo uno de los mayores grupos indígenas en la Oaxaca contemporánea.

El período Protoclásico (100 a.C.-300 d.C.) marca la época del desarrollo de las complejas culturas urbanas en la mayor parte de la antigua Mesoamérica. En la región maya de la parte oriental de Mesoamérica, los señores de lugares tales como Izapa, Abaj Takalik, Kaminaljuyú, El Mirador, Uaxactún y Tikal comenzaron la construcción de una arquitectura monumental y la creación de un

Figura olmeca, cabeza de piedra en forma de hacha (Museum of Mankind, Londres),
período Preclásico Medio, c. 600 a.C.

arte impresionante. En Izapa, muy especialmente, muchos monumentos de piedra representan sin duda episodios mitológicos.

Aunque la escritura ya era conocida en el período Protoclásico maya, es durante el siguiente período Clásico (300-900 d.C.) cuando alcanzó un nivel especialmente elevado de complejidad e importancia. Gracias al desciframiento de los glifos mayas, hoy en día podemos pronunciar los auténticos nombres de los dioses, ciudades y reyes mayas. Por otro lado, hay un gran número de textos y un copioso arte que representan gráficamente muchos aspectos de la mitología maya clásica. Debido a los logros artísticos y arquitectónicos en lugares como Palenque, Yaxchilán, Tikal y Copán, el período Clásico es considerado generalmente como la cumbre de la Civilización Maya. Los habitantes de estos y otros lugares compartían, sin duda, creencias similares, aunque no existen indicios de que los mayas clásicos fueran unificados alguna vez en un único imperio o confederación. En cambio, la idea general es que había una serie de estados urbanos en conflicto, y que hacia finales del período Clásico muchos asentamientos mayas habían sido abandonados. No obstante, éste no fue el fin de la civilización maya; su más grande epopeya conocida, el *Popol Vuh*, fue escrita por la pluma de un maya quiché en el siglo XVI. En realidad, la narrativa sagrada continúa siendo una tradición de gran vigor entre los pueblos mayas modernos, aunque el objetivo principal de este libro sólo se sitúa en la mitología maya prehispánica.

Un asentamiento en particular, que comenzó a sobresalir durante el período Protoclásico en la región central de México, fue conocido por los posteriores aztecas como Teotihuacán, que significaba «el lugar de los que se convirtieron en dioses». Aquí es donde el sol y la luna fueron creados según la mitología de los aztecas, dando así sus nombres de sol y luna a sus dos pirámides más grandiosas. La mayor de las dos, la Pirámide del Sol, fue construida en lo que se correspondería con el comienzo de la era cristiana. Esta impresionante estructura se halla directamente situada sobre una cueva natural –posible referencia al nacimiento del hombre de las profundidades de la tierra, un episodio de la creación muy conocido en la Mesoamérica tardía. En su época más brillante, en el período Clásico, Teotihuacán ocupaba más de 20 km² (unas 8 millas cuadradas) y llegó a tener una población de unos 200.000 habitantes. Los muros de estuco de la ciudad estaban cubiertos de bellísimas pinturas, muchas de las cuales representan dioses que luego fueron heredados por las posteriores culturas tolteca y azteca de la región central de México.

Hacia comienzos del período Postclásico Temprano (900-1250 d.C.) Teotihuacán, Monte Albán y muchos otros asentamientos mayas fueron virtualmente abandonados. La ciudad centromexicana de Tula, cuya fundación data de este período, es identificada en la actualidad con la legendaria Tollan, la capital de los toltecas, que fueron gobernados por Topiltzin Quetzalcóatl –el equivalente humano del gran dios Quetzalcóatl. De acuerdo no sólo con textos hallados en México central, sino con textos mayas yucatecos, Quetzalcóatl trasladó su capital a las rojas tierras del este, muy probablemente a Yucatán. El yacimiento de Chichén Itzá, en Yucatán, muestra unos poderosos y específicos rasgos toltecas, y es evidente que este lugar tuvo una relación muy especial con Tula durante el período Postclásico Temprano.

El dios de la lluvia, Tlaloc, portando el maíz. Detalle de un mural de Teotihuacán, período Clásico.

El período Postclásico Tardío (1250-1521 d.C.) corresponde a las culturas encontradas por los españoles en el siglo XVI, y prácticamente todos los códices prehispánicos en forma de biombo que se conocen y que han sobrevivido son de esta época. Además, las primeras crónicas coloniales escritas tanto por españoles como por algunos sabios indígenas proporcionan un riquísimo material documental sobre las costumbres y creencias del Postclásico Tardío. Mientras que la era Clásica es la época maya mejor conocida, la época azteca queda totalmente comprendida en el período Postclásico Tardío. Los aztecas –o culhua-mexicas, como ellos mismos prefieren llamarse– eran hasta cierto punto unos

Tula (Hidalgo), la legendaria ciudad tolteca de Tollan. Período Postclásico Temprano, c. 900-1250 d.C.

Fundación de la capital azteca de Tenochtitlan. Códice Mendoza, fº 2r, período colonial antiguo. En el centro puede verse un águila posada en un nopal en flor y una roca (topónimo de Tenochtitlan). Según las crónicas migratorias aztecas, el águila y el cactus sirvieron de emblema y símbolo profético a la futura capital de los aztecas.

recién llegados a la región central de México. Su capital, la gran isla de Tenochtitlan –futura Ciudad de México– no fue fundada hasta aproximadamente 1345. Sin embargo, en la época en la que se produjo la conquista española, menos de dos siglos después, los aztecas habían llegado a crear el mayor imperio conocido en la antigua Mesoamérica.

Los orígenes y desarrollo del estado azteca se reflejan con gran fuerza en la religión azteca. Como una forma de legitimación, los aztecas adoptaron apasionadamente las creencias y la iconografía de pueblos que le habían precedido. Por ejemplo, la ciudad de Tula, la legendaria capital tolteca, llegó a tener una especial importancia, y el origen de ciertos dioses aztecas puede remontarse a Tula e incluso a la más antigua Teotihuacán. Los aztecas también incorporaron prácticas religiosas propias de sus contemporáneos, entre los que se incluyen las gentes de Puebla, los huastecas de la Costa del Golfo y los mixtecas de Oaxaca. La adopción consciente de costumbres ajenas no sólo consolidó la conquista, sino que también produjo una unificación cultural; los aztecas incluso construyeron unos templos especiales, los *coateocalli,* que contenían las imágenes capturadas de los dioses de sus enemigos. Aunque debido a todo esto la mitología azteca cuenta con numerosas deidades y temas procedentes de otras culturas mesoamericanas, sin embargo, ciertos mitos son enteramente aztecas –especialmente los orígenes míticos de Huitzilopochtli en el Monte Coatepec, que sirvió de privilegio sagrado en la expansión del estado azteca.

El día de Ce Cipactli, o 1. Caimán. Al ser el primer día del calendario de 260 días, el 1. Caimán se asocia generalmente con los orígenes y la creación en la mitología mesoamericana. Detalle de una caja de piedra, período Postclásico Tardío azteca.

La antigua religión mesoamericana

Calendarios

En la Mesoamérica prehispánica, los calendarios jugaban un papel esencial tanto en la mitología como en la vida cotidiana. Uno de los ciclos más importantes fue el calendario de 260 días, compuesto de veinte nombres consecutivos combinados con los numerales del uno al trece. Por ejemplo, un día determinado como el 1. Caimán estaba formado por dos partes: el numeral 1 junto con el nombre Caimán. Un día concreto no se repetía hasta que las 260 combinaciones de nombres y numerales se hubieran agotado. En la antigua Mesoamérica se solía dar los nombres de este ciclo calendárico a las personas, dioses e incluso a las distintas edades del mundo. Así el legendario soberano de Tollan, Topiltzin Quetzalcóatl, recibirá también el nombre del día 1. Caña, o Ce Acatl en la lengua náhuatl de los aztecas. En la misma línea, muchos de los dioses mencionados en la epopeya de la creación maya, *Popol Vuh,* poseen nombres tomados del calendario de 260 días. Aunque de menor impor-

Modelo mesoamericano del tiempo y el espacio. Los dioses, los nombres de los días, los árboles y los pájaros están orientados hacia las cuatro direcciones, con Xiuhtecuhtli en el centro. Códice Fejérváry-Mayer, p. 1. Período Postclásico Tardío.

tancia en la mitología indígena, los mesoamericanos también se guiaron por un impreciso calendario solar de 365 días compuesto de 18 períodos de veinte días, más 5 días aciagos. El año solar de 365 días corría al mismo tiempo que el ciclo ritual de 260 días, siendo nombrado cada año solar por una fecha específica del calendario ritual de 260 días. Debido a las permutaciones de estos dos ciclos, un impreciso año solar con un nombre concreto, como por ejemplo el 2. Caña, no tendría lugar hasta la conclusión de 52 años solares.

Todavía hubo otro sistema calendárico que contó con la predilección de los mayas y de sus vecinos en el sureste de Mesoamérica. Conocido como Cuenta Larga, este sistema vigesimal (basado en el número 20) consistía en llevar un cómputo constante de días a partir de un acontecimiento mítico ocurrido en el 3114 a.C. Aunque fue conocido por primera vez por los pueblos no mayas en el siglo I a.C., este sistema logró su máximo nivel de complejidad y popularidad en el período maya Clásico. Una forma abreviada del sistema de Cuenta Larga continuó siendo utilizado hasta bien entrado el período colonial entre los pueblos de lengua yucateca del norte de las tierras bajas mayas.

En el pensamiento mesoamericano, el calendario afectaba a la definición y al ordenamiento del espacio y del tiempo. Cada uno de los veinte nombres del calendario ritual de 260 días estaba orientado en una determinada dirección, pasando de este a norte, a oeste y finalmente a sur, en una sucesión continua, en el sentido contrario al de las agujas del reloj.

De manera similar, los años de 365 días también discurrían de año en año en una sucesión contraria a las agujas del reloj. La página una del Códice Fejérváry-Mayer representa un calendario de 260 días orientado en las cuatro direcciones con pájaros y árboles relacionados con ellas. El dios centromexicano del fuego y el tiempo, Xiuhtecuhtli, aparece en el centro representado como un guerrero defendido por cuatro torrentes de sangre. La procedencia de esta sangre está situada cerca de los cuatro pájaros que se ven en las esquinas exteriores de la página: mana del brazo, pierna, torso y cabeza amputados de Tezcatlipoca, uno de los dioses más importantes de la región central de México. Aunque este episodio mítico concreto no es recogido por ninguna otra fuente, la escena sugiere que la distribución del cuerpo desmembrado de Tezcatlipoca en las cuatro direcciones partiendo de Xiuhtecuhtli, equivalía a la creación del calendario y las direcciones –es decir, a la delimitación del tiempo y del espacio.

Los sistemas calendáricos centroamericanos no fueron utilizados simplemente para fijar semanas de 13 días, meses de 20, años solares y otros períodos de la realidad cotidiana.

También sirvieron para distinguir períodos de tiempo que se consideraban especialmente cargados de poderes sagrados, con frecuencia peligrosos. Los pueblos de la antigua Mesoamérica solían observar atentamente el cielo y utilizaron el calendario para predecir los eclipses solares y lunares, los ciclos del planeta Venus, los aparentes movimientos de las constelaciones y otros fenómenos astronómicos. Para ellos estos incidentes no eran los movimientos mecánicos de cuerpos celestes innatos, sino que constituían las actividades de los dioses, la verdadera síntesis de los hechos mitológicos desde el tiempo de la creación. En la región central de México, la primera aparición de Venus como Estrella de la Mañana fue Tlahuizcalpantecuhtli, Señor del Amanecer, quien combatió al sol naciente en el primer crepúsculo en Teotihuacán. También fueron los ciclos calendáricos los que determinaron los momentos sagrados del tiempo. La inmensa mayoría de los monumentos de piedra del período Clásico maya celebraban la conclusión de los grandes períodos del calendario de Cuenta Larga. Entre los mayas del período Postclásico en Yucatán, el final del año solar de 365 días era una época especialmente peligrosa y, según se cuenta en la crónica colonial *Cantares de Dzitbalché*, equivalía a la destrucción y nueva creación del mundo. Así pues, muchas de la imágenes de los ritos yucatecos del nuevo año también aparecen en la mitología maya de la creación. De igual modo, la finalización del ciclo azteca de 52 años venía marcada por una angustiosa vigilia: si

El dios del planeta Venus, Tlahuizcalpantecuhtli, atacando a una montaña de agua o alteptl, término azteca que significa ciudad. Detalle de las páginas sobre Venus, Códice Cospi, p. 10.

el fuego nuevo no era atravesado con éxito, los monstruosos genios estelares de la oscuridad, los *tzitzimime*, reafirmarían su control sobre el mundo.

El día contra la noche

La antítesis entre el día y la noche constituye uno de los enfrentamientos fundamentales del pensamiento mesoamericano. Las relaciones indígenas sobre el primer amanecer describen este hecho como el origen del tiempo legendario e histórico de los mortales, en contraste con el período mitológico de la creación. De esta manera, en el *Popol Vuh* maya quiché los dioses y las fieras salvajes se transforman en piedra ante la primera aparición del sol. De forma similar, según una crónica azteca, Tlahuizcalpantecuhtli se convierte en el dios de la piedra y del frío en el primer amanecer en Teotihuacán. En la mitología azteca, los dioses fueron sacrificados durante el primer amanecer en Teotihuacán y, de acuerdo con una versión, con sus restos se hicieron gavillas sagradas. Tanto las crónicas aztecas como las mayas explican los orígenes de la posterior condición y apariencia de los dioses, quienes en realidad fueron representados como inertes esculturas de piedra o envueltos en gavillas sagradas.

Mientras que el amanecer supone el período de luz solar que proporciona estabilidad y orden a la cotidiana existencia de los mortales, la noche corresponde al tiempo mitológico en el que los dioses y los demonios vivían. De acuerdo con los modernos habitantes de Veracruz, una vez que el sol se pone, sólo las estrellas nocturnas evitan que las rocas se conviertan en jaguares. En la creencia mesoamericana, la noche es el momento propicio para que los seres mutantes y otros demonios merodeen en busca de presa. Las tenebrosas horas nocturnas son también el momento adecuado para que los mortales se comuniquen con lo sobrenatural. Durante los sueños, los espíritus familiares de cada uno realizan arriesgados viajes con el fin de reunirse con antepasados, dioses y otros seres sobrenaturales. La noche es así mismo el momento preferido para consumir hongos de psicocybin, peyote, semillas de dondiego de día y otras sustancias alucinógenas que servían para comunicar con el mundo de los espíritus. Arriba, en el cielo nocturno, los episodios sagrados de la creación se sucedían continuamente en los perceptibles movimientos de las constelaciones y los planetas. Los eclipses solares son especialmente temidos, puesto que constituyen la violenta imposición de las estrellas y otros seres nocturnos sobre el día.

Aunque existe un antagonismo entre las caóticas horas de la noche y las del día, no se trata, de ninguna manera, de una simple distinción entre el bien y el mal. En el pensamiento mesoamericano se tiende a considerar que tales principios de dualidad se hallan en una oposición complementaria: ambos son necesarios para la existencia. Al igual que el sueño es la contrapartida revitalizadora necesaria para la actividad diaria, la noche y el tiempo sagrado infunden a la realidad cotidiana un poder y unas fuerzas renovadoras. Las coyunturas observadas en los períodos calendáricos se corresponden con aquellos momentos de rejuvenecimiento en los que las fuerzas de la creación se repiten. Este tiempo sagrado mitológico puede penetrar en la existencia diaria a través de rituales y presagios, e incluso por la presencia de individuos que viven en ese momento tales como reyes, sacerdotes y chamanes, curanderos y gemelos.

Los gemelos

Los hermanos gemelos son mirados con cierta aprensión en Mesoamérica donde, considerados partos monstruosos, son temidos como extraños y anómalos augurios de significación religiosa. En la región central de México, el dios perro Xólotl era el dios de los gemelos y de las deformidades. Según el dominico Fray Bartolomé de las Casas, los gemelos aztecas suponían una amenaza mortal para sus padres y, por esa razón, uno de ellos debía ser sacrificado al nacer. No obstante, el temor a los gemelos supone algo más que el bienestar de los padres, puesto que también personifican el tiempo mitológico de la creación. Los hermanos gemelos aparecen con muchísima frecuencia en la mitología de la creación de aztecas, mayas y otros pueblos mesoamericanos. Generalmente son utilizados como monstruos-asesinos y héroes que crean el entorno y los materiales necesarios para la vida humana. Pero al igual que son los creadores del orden, también son la personificación de conflictos y cambios.

El *Popol Vuh* maya quiché contiene un detallado relato sobre los héroes gemelos Xbalanqué y Hunahpú, que descienden al reino de Ultratumba para vengar la muerte de su padre y su tío (que también eran gemelos). En el México central, el gran héroe Quetzalcóatl es identificado con los hermanos gemelos, y este concepto está contenido incluso en su nombre, puesto que en náhuatl el término *coatl* significa tanto «gemelo» como «serpiente». En la mitología de la creación azteca, Quetzalcóatl es frecuentemente emparejado con Xólotl o Tezcatlipoca. Aunque no de una manera tan explícita como en el caso de los quichés Hunahpú y Xbalanqué, estos emparejamientos también aluden al concepto de los héroes gemelos. Este tema es evidentemente de gran antigüedad

Figuras del período Clásico maya que representan a los héroes gemelos del Popol Vuh, Hunahpú e Xbalanqué. *Pintura de la Cueva de Naj Tunich, Guatemala.*

Cuchillo de sacrificios con la empuñadura de mosaico. Azteca. Período Postclásico Tardío (Museum of Mankind, Londres).

en el Nuevo Mundo; además de en Mesoamérica, los héroes gemelos son hallados con mucha frecuencia en las mitologías de la creación de la vecina América Central, las tierras bajas de Sudamérica y el Suroeste americano.

Modelos a imitar y conducta social

Los mitos mesoamericanos son algo más que crónicas sagradas sobre los orígenes del mundo; contienen también profundas enseñanzas sobre lo que es un correcto comportamiento. Entre los vicios más frecuentemente mencionados como portadores de desastres o derrotas se hallan la arrogancia y la codicia. En la mitología azteca no es el vanidoso y acaudalado Tecuciztecatl, sino por el contrario el humilde aunque valeroso Nanahuatzin quien finalmente se convierte en sol. En el *Popol Vuh* los héroes gemelos matan al pájaro gigante Vucub Caquix debido a su excesivo orgullo y fanfarronería. La arrogancia y la avaricia son vicios comunes entre los altos funcionarios, y gran parte de la mitología que se conserva proporciona modelos para la conducta real. Sin embargo, la mitología azteca y maya también se ocupa de temas más amplios y más profundos, tales como el significado de la existencia humana. Según el *Popol Vuh*, los dioses crearon a la actual raza humana, la civilización del maíz, para que proporcionara sustento a los dioses con oraciones y sacrificios. Igualmente, las crónicas sobre el sacrificio de los dioses en Teotihuacán y la muerte de Coyolxauhqui y sus hermanos nos explican la necesidad del sacrificio humano para que el mundo continúe. Aunque éste siga siendo el aspecto más vilipendiado de la antigua religión mesoamericana, los sacrificios humanos partieron de una premisa básica: el reconocimiento del papel activo y la responsabilidad que el pueblo tiene en el mantenimiento del equilibrio cósmico.❐

Principales fuentes e historia de la investigación

Como otros pueblos de la antigua Mesoamérica, los aztecas y mayas sabían leer y escribir y dejaron constancia de sus mitos en una amplia variedad de medios, incluyendo códices en forma de biombo, vasijas pintadas, madera y hueso tallados y monumentales esculturas de piedra. Pero igualmente importantes son las imágenes que acompañaban a estas inscripciones y que representaban episodios mitológicos y atributos de determinados dioses.

Los códices prehispánicos en forma de biombo, a los que nos referiremos generalmente como códices, han sido fundamentales para el estudio de la religión indígena. Tristemente, sólo han sobrevivido unos dieciocho códices no manipulados y que conserven el auténtico estilo indígena. Únicamente existen cuatro códices del período Postclásico maya: los de Dresde, Madrid y París, y un cuarto recientemente descubierto: el Códice Grolier. Para la región central de México, contamos con una serie de cinco manuscritos especialmente importantes: los códices Borgia, Vaticano B, Cospi, Laud y Fejérváry-Mayer. Todos estos códices se incluyen en el llamado Grupo Borgia, que toma su nombre del más impresionante de todos ellos, y están pintados en el estilo característico del Postclásico Tardío en el área cultural de México Central. Sin embargo, el origen exacto de este grupo es desconocido, y es muy improbable que provenga de una sola localidad. Mientras que el mismo Códice Borgia podría proceder del estado de Puebla, se ha sugerido Veracruz como lugar de origen de los Códices Laud y Fejérváry-Mayer. Aunque estos manuscritos pudieron haber sido creados en regiones bajo control azteca, sus proporciones y otras convenciones indican que probablemente no fueron pintados en la capital azteca de Tenochtitlán. No obstante, tanto el significado como el contenido religioso del Grupo Borgia confirman y amplían lo que era conocido para los aztecas.

Los nueve códices existentes, los cuatro Mayas y los cinco del Grupo Borgia, son principalmente manuscritos adivinatorios utilizados junto al calendario sagrado. Los dioses generalmente aparecen relacionados con unos augurios específicos y rara vez en narraciones secuenciales. Por esta razón, estos códices prehispánicos sólo contienen referencias tangenciales a episodios mitológicos, siendo la única excepción digna de mención las poco conocidas páginas centrales del Códice Borgia, parte de las cuales corresponden a mitos aztecas narrados con anterioridad. Aunque estos nueve códices son adivinatorios, existen otros textos prehispánicos que tratan de mitología. Un ejemplo es el caso opuesto representado por el Códice Vindoboniense, que describe los hechos de la creación incluyendo los orígenes y la historia de 9. Viento, el equivalente mixteca de Quetzalcóatl. Desgraciadamente, no sobrevivieron manuscritos prehispánicos similares a éste para las culturas azteca y maya. Sin embargo, algunas crónicas mitológicas coloniales escritas en caracteres latinos parecen haber sido transcritas de textos precolombinos. Según el escritor quiché de la primera época colonial autor del *Popol Vuh*, este manuscrito maya proviene de un antiguo texto perdido, y ciertos relatos mitológicos relacionados con los aztecas también fueron transcritos partiendo de códices prehispánicos perdidos en la actualidad.

Las fuentes más importantes para estudiar la mitología azteca no proceden de la época prehispánica, sino del primer período colonial. Mientras que muchos colonizadores españoles sólo consideraban a la población indígena un medio para conseguir fuerza de trabajo y tributos, las órdenes religiosas (franciscanos, agustinos y dominicos) vieron en estas gentes una oportunidad utópica de crear un mundo nuevo y mejor. En lugar de denigrar los grandes logros de la antigua civilización azteca, interpretaron sus obras como una prueba de la capacidad innata del hombre para alcanzar la grandeza. Como seres humanos poseedores de almas racionales y de la aptitud necesaria para llevar una vida civilizada, los indígenas merecieron, pues, la atención y protección de la Iglesia. En los escritos de Bernardino de Sahagún, Juan de Torquemada, Bartolomé de las Casas

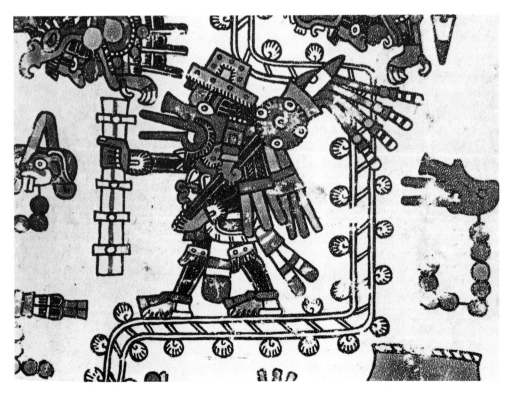

Dios 9 Viento, representación mixteca del dios del viento Ehecatl-Quetzalcóatl. Códice Vindoboniense, p. 48 (detalle), período Postclásico Tardío.

y otros frailes del siglo XVI se puede discernir, con frecuencia, la admiración sentida por éstos ante la complejidad y sofisticación de la civilización prehispánica. Por supuesto, no todos los aspectos de la cultura nativa fueron apreciados de la misma manera, y la religión indígena fue especialmente considerada bárbara y maligna, anatema para lograr con éxito la conversión y la construcción del nuevo mundo utópico.

De entre las órdenes religiosas existentes en el siglo XVI en México, o Nueva España como era llamada en aquel tiempo, los franciscanos fueron los más prolíficos cronistas de las costumbres y creencias indígenas. Aceptados por todos como los favoritos tanto de la Corona española como de Hernán Cortés, los franciscanos fundaron la primera misión en la Ciudad de México en 1524. Al igual que las demás órdenes religiosas, los franciscanos buscaban la verdadera conversión de los indígenas, algo que no podía lograrse sin un completo conocimiento de su lengua, costumbres y creencias. Entre los primeros que consiguieron estudiar con éxito la lengua y la cultura aztecas se hallaba Fray Andrés de Olmos y es él, probablemente, el autor de una de las crónicas más importantes sobre la mitología de la creación azteca, la *Historia de los mexicanos por sus pinturas*. Contamos aún con otra fuerte mitológica de gran valor, la *Histoyre du Mechique*, una copia francesa de un original español perdido, que podría proceder al menos en parte de la obra de Olmos.

Fray Bernardino de Sahagún es, con mucho, el más renombrado cronista de la sociedad y la religión aztecas. Sahagún llegó a México en 1529 y dedicó la mayor parte de su vida al estudio de la lengua y la cultura aztecas. Como sus contemporáneos, tenía por malas y perniciosas muchas de las tradiciones aztecas. En un pasaje citado muy a menudo, Sahagún se compara a sí mismo con un médico que debe intentar comprender los orígenes y síntomas de una enfermedad con el fin de poder curarla. Sin embargo, también deseaba recoger en sus crónicas un mundo único y fascinante que se estaba desintegrando ante sus ojos con gran rapidez. Junto a otros cronistas de su tiempo, Sahagún no sólo tuvo acceso a sabios ancianos que habían pasado la mayor parte de sus vidas en la sociedad azteca prehispánica, sino que contó con la ayuda de eruditos indígenas para consultar antiguos códices. Sahagún describe con cierta admiración dichos textos y la relevancia que tuvieron para sus estudios:

Los textos que tenían sobre ellos mismos llevaban pintadas figuras e imágenes de tal manera que sabían y recordaban las cosas que sus antepasados habían hecho y habían dejado en sus anales, más de mil años antes de la llegada de los españoles a estas tierras.
La mayoría de estos textos y escritos fueron quemados en épocas de destrucción de otras idolatrías, pero muchos otros fueron ocultados y ahora hemos visto que sobrevivieron y aún se conservan, de tal forma que hemos podido comprender a través de ellos sus antigüedades.

Aunque Sahagún fue un prolífico estudioso con un gran número de contribuciones, de entre las obras que aún sobreviven la más importante es la *Historia general de las cosas de Nueva España*. Impresionante enciclopedia sobre la cultura azteca acompañada de más de 1850 ilustraciones, es éste el tratado más extenso y detallado sobre la cultura prehispánica. Escrito en náhuatl y en castellano, el texo bilingüe se compone de doce libros, cada uno sobre un tema concreto. De ellos tres libros son de especial importancia para el estudio de la mitología azteca. El Libro Primero proporciona detalladas descripciones e ilustraciones de los grandes dioses, mientras que el Libro Tercero contiene algunos de los mitos más importantes, incluyendo el nacimiento de Huitzilopochtli, y el relato cuasi-histórico de Quetzalcóatl en Tula. Aunque el Libro Tercero incluye una referencia tangencial a la creación del sol en Teotihuacán, ésta es descrita con mayor detalle en el Libro Séptimo, que relata fenómenos astronómicos y celebraciones relacionadas con el final del ciclo de 52 años.

No todo el mundo en Nueva España aceptaba de buen grado la obra de Sahagún. En la década de 1570 un creciente sentimiento anti-indígena fue compartido tanto por la corona como por los franciscanos. El gran experimento había fracasado; ya no existía la utopía del Nuevo Mundo. Las poblaciones indígenas estaban siendo diezmadas por la enfermedad, el trabajo forzado y la imposición de tributos excesivos. Igualmente preocupantes eran los numerosos indicios de que la verdadera conversión no se estaba realizando, y de que muchos nativos volvían a sus anteriores costumbres idólatras, a menudo mezclando de forma impía las creencias católicas y las indígenas. Ante esta situación, las obras religiosas escritas en lenguas nativas empezaron a ser consideradas cada vez más como amenazas para la conversión e incluso para la estabilidad política. En 1577, Felipe II aprobó un real decreto por el que se confiscaban las obras bilingües de Sahagún. Aunque la primera versión de la *Historia general* se per-

Tezcatlipoca, deidad imitadora que ha de ser sacrificada durante el mes de 20 días llamado Toxcatl. Ilustración del Libro Segundo del Códice Florentino, principios del período colonial.

dió, una segunda copia fue enviada a España a finales de 1579 o principios de 1580. Es muy probable que Sahagún nunca supiera lo que ocurrió con la obra de su vida, que llegó a ser prohibida y olvidada hasta su redescubrimiento en 1779. Generalmente conocido en la actualidad como Códice Florentino, este manuscrito se conserva en la Biblioteca Mediceo-Laurentiana de Florencia.

Junto al Códice Florentino existen muchos otros manuscritos pictóricos de México central creados bajo mecenazgo español, siendo estos textos frecuentemente ilustrados por artistas que estaban familiarizados con las convenciones prehispánicas. El magnífico Códice Borbónico, ilustrado en estilo azteca casi puro, fue probablemente pintado poco después de la conquista española, posiblemente como guía para comprender los nombres calendáricos y la religión indígena. Además de proporcionar valiosos textos que describen dioses y ritos nativos, manuscritos como los códices Magliabechiano, el Telleriano-Remensis y el Vaticano A también presentan ilustraciones de la vestimenta y de otros atributos de los grandes dioses aztecas. El Vaticano A, también conocido como el Códice Ríos, contiene una sección única que representa los niveles del cielo y del inframundo, una versión del mito de los cinco soles, y la batalla mitológica entre Quetzalcóatl y Tezcatlipoca en Tollan.

Aunque con pocas ilustraciones, el texto que aún se conserva de la región maya y que sería el equivalente más cercano al Códice Florentino es *Relación de las cosas de Yucatán*. Escrito por el franciscano Fray Diego de Landa alrededor de 1566, este estudio ofrece también un análisis enciclopédico de la cultura indígena, en este caso de la cultura existente en las tierras bajas mayas de Yucatán. No obstante, por lo que se refiere a la calidad, contenido y envergadura debemos añadir que este manuscrito no alcanza ni de lejos la altura de la obra de Sahagún. Landa había participado de manera notoria en las quemas de libros propias de la Inquisición, y escribió su *Relación* en España, durante el juicio que se siguió contra él por instigar el célebre *auto de fe* que tuvo lugar en Maní en 1562, durante el cual miles de mayas yucatecos fueron torturados acusados de idolatría. Obviamente, Landa no fue un cronista imparcial o comprensivo con las tradiciones indígenas. Aunque proporciona una valiosa información sobre la historia, los calendarios y los ritos de los mayas de Yucatán, prácticamente no hace referencia a la mitología maya. La única excepción digna de mención es una alusión algo confusa al diluvio. A diferencia de lo que ocurre con la región central de México, no ha sobrevivido ningún gran texto colonial español dedicado a la mitología maya.

En lo que a la región maya se refiere, las fuentes mitológicas coloniales de importancia fueron escritas por los propios mayas. Con el fin de facilitar la conversión en Nueva España, las órdenes religiosas adaptaron el alfabeto latino para registrar las lenguas nativas. Casi todos los nombres de dioses y de lugares sagrados mencionados en este libro provienen de estos caracteres coloniales. Los sistemas alfabéticos se enseñaban con frecuencia a jóvenes escogidos de la élite indígena, que posteriormente ejercerían de maestros de la doctrina de la Iglesia. Sin embargo, no pasó mucho tiempo antes de que los mismos indígenas pusieran por escrito sus tradiciones utilizando las nuevas grafías castellanas para los sonidos de su lengua. Tal es el caso del más relevante documento conocido sobre la religión maya, el *Popol Vuh* de la cultura quiché de las tierras altas de Guatemala. En cuanto a la región central de México en el siglo XVI, ninguna de las crónicas mitológicas existentes alcanza la altura del *Popol Vuh,* ni en complejidad ni en trascendencia. El manuscrito original, ahora perdido, parece que fue transcrito a la ortografía colonial quiché durante la segunda mitad del siglo XVI. La copia que sobrevivió del *Popol Vuh* procede de la obra del dominico Fray Francisco Ximénez, quien entre 1701 y 1703 copió y tradujo el manuscrito al español mientras era párroco en la ciudad de Chichicastenango. Ximénez describe gráficamente sus dificultades para dejar constancia de la antigua cultura quiché:

Era con gran reserva que estos manuscritos se conservaban entre ellos, con tal secretismo, que ni los antiguos sacerdotes sabían de él, y al investigar este punto, mientras estaba en la parroquia de Santo Tomás de Chichicastenango, descubrí que era la doctrina de la que primero bebieron junto con la leche materna, y que todos ellos la sabían casi de memoria, y descubrí que tenían muchos de estos libros entre ellos.

La transcripción original de Ximénez junto con la traducción española que la acompaña se encuentran en la actualidad en la Biblioteca Newberry de Chicago.

Día de mercado en Chichicastenango, Guatemala. Al fondo la Iglesia de Santo Tomás, parroquia de Francisco Ximénez, el estudioso dominico que copió y tradujo el Popol Vuh.

El *Popol Vuh* está dividido temáticamente en tres grandes secciones: la primera relata los primeros orígenes del mundo; la segunda, las hazañas míticas de las dos parejas de gemelos y los orígenes de los hombres modernos y de la civilización del maíz; y la tercera, la historia legendaria de los quichés, terminando con una lista de reyes que abarca hasta 1550. El siguiente estudio de la mitología maya describe importantes episodios que aparecen en la sección primera y especialmente en la segunda. En los últimos años, ha ido quedando cada vez más claro que el episodio del *Popol Vuh* sobre los héroes gemelos y su descenso al reino de ultratumba ya era conocido por los mayas en el período Clásico, más de 600 años antes de la conquista de los españoles. Así pues, el *Popol Vuh* sirve como documento esencial para comprender no sólo el período Postclásico quiché, sino también la religión maya del período Clásico.

Aparte del *Popol Vuh* quiché de las tierras altas de Guatemala, también se conoce otro gran compendio de la primitiva mitología maya procedente de las tierras bajas mayas de la Península de Yucatán. Al igual que sus contemporáneos quichés, los mayas yucatecas de la época colonial también consignaron por escrito sus tradiciones utilizando un alfabeto basado en el latín. El corpus más importante de testimonios indígenas sobrevive en una serie de libros que toman su nombre del sacerdote indígena Chilam Balam, que profetizó la llegada de los españoles. Además de ser conocidos por el nombre del antiguo profeta, cada libro es llamado según la ciudad de la que procede. De entre estos manuscritos, los más conocidos son el Libro de Chilam Balam de Chumayel y el Libro de Chilam Balam de Tizimín, que llevan los nombres de dos comunidades aún existentes en Yucatán. Hoy en día aún encontramos una serie de especialistas en remotas comunidades de Quintana Roo en México que se siguen dedicando a escribir versiones de los libros de Chilam Balam.

Aunque ninguno de los manuscritos coloniales de Chilam Balam es anterior al siglo XVIII, contienen frecuentes referencias a la historia y los mitos antiguos probablemente copiados de los primeros textos coloniales e incluso de códices aún más antiguos. Un gran número de estos textos narra profecías relativas a los ciclos periódicos del tiempo. La naturaleza repetitiva de estos ciclos a menudo conduce a una concentración o superposición del tiempo, de tal manera que un simple instante puede contener hechos pertenecientes a las épocas colonial, prehispánica e incluso mitológica. Dada la naturaleza eminentemente profética de muchos de estos textos, no es sorprendente que a menudo sean oscuros y difíciles de interpretar. No obstante, tres de estos textos, que se encuentran en los libros de Chumayel, Tizimín y Maní, comparten testimonios estrechamente ligados entre sí sobre el diluvio mitológico y la nueva creación del mundo.

Los aztecas de comienzos de la conquista también continuaron redactando crónicas para su propio uso. Don Baltasar, señor indígena de Culhuacán, fue juzgado en 1539 por contratar a un artista indígena con el fin de que ilustrara su árbol genealógico, comenzando por cómo sus antepasados y ciertos dioses surgieron de una cueva sagrada. Aunque éste parece haber sido fundamentalmente un documento pictórico, los aztecas también compusieron crónicas en náhuatl aunque fueron escritas utilizando los nuevos caracteres latinos. Este probablemente fue el caso del extraordinario documento conocido como la *Leyenda de los soles*. Redactado en un náhuatl formal y arcaico, el autor parece haber contado con la ayuda de un azteca instruido por los franciscanos. Como sucede con *Historia de los mexicanos por sus pinturas* y con el *Popol Vuh*, este manuscrito fue probablemente transcrito de uno o varios documentos prehispánicos. Después de narrar los orígenes del mundo, del hombre y del maíz, el relato continúa con la leyenda de Quetzalcóatl y Tollan, y finaliza con la historia actual de los aztecas. Dado que la sección histórica final está incompleta, se desconoce si el documento terminaba con las genealogías del primer período colonial. Tal como ocurre en el *Popol Vuh*, los vínculos de tales genealogías con la mitología fueron utilizados generalmente para hacer valer linajes y derechos ancestrales.

Las relaciones y testimonios coloniales sobre las tradiciones indígenas disminuyeron rápidamente después del siglo XVI. Muchos de los manuscritos mencionados fueron olvidados o prohibidos, y sólo a mediados del siglo XVIII surgió un renovado interés por las costumbres y las creencias indígenas, iniciándose así un importante período para el redescubrimiento de manuscritos prehispánicos o pertenecientes al comienzo de la conquista. El italiano Lorenzo Boturini viajó por todo México haciendo acopio de una gran colección de documentos prehispánicos y del siglo XVI. En 1744 las autoridades coloniales españolas expulsaron a Boturini y confiscaron su biblioteca. Aunque Boturini fue finalmente exculpado de todos los cargos que había contra él en España, su magnífica colección permaneció en México donde acabó siendo desmantelada.

Cuando México y Guatemala se independizaron de España a principios del siglo XIX, la búsqueda de manuscritos continuó incluso a mayor ritmo. Mientras vivió en México entre 1830 y 1840, el físico francés J.M.A. Aubin acumuló un gran número de documentos antiguos, muchos de ellos pertenecientes a la primera colección de Boturini. Llevados a Francia, acabaron finalmente formando parte de la Biblioteca Nacional de París. No obstante, es otro francés, el excéntrico Abbé Charles Etienne Brasseur de Bourbourg, quien figura como el más famoso descubridor de manuscritos coloniales. Gracias a su categoría de clérigo y a sus encantadores modales, Brasseur de Bourbourg consiguió acceder a numerosos manuscritos inéditos existentes en México, Guatemala y España. Aunque Carl Scherzer fue el primero que publicó una versión en español del *Popul Vuh* en 1857, su versión acabó siendo eclipsada casi inmediatamente por la edición en quiché y francés realizada por Brasseur de Bourbourg en 1861. De hecho, el título *Popul Vuh*, ahora generalmente utilizado por todo el mundo, procede de la edición francesa. En 1863, cuando se hallaba visitando España, Brasseur de Bourbourg tuvo la fortuna de descubrir la *Relación de las cosas de Yucatán* de Diego de Landa. Unos cuantos años después, en 1866, también encontró una gran parte del códice maya prehispánico llamado Códice Madrid. Aunque Brasseur de Bourbourg se sentía, en realidad, mucho más orgulloso del descubrimiento del Códice Chimalpopoca, que contiene la *Leyenda de los soles*, esta obra ya había formado parte previamente de la colección de Boturini y había sido copiada y traducida por Aubin.

Brasseur de Bourbourg ha sido justamente elogiado por sus incansables esfuerzos en la recuperación de manuscritos raros, pero sus fantásticas interpretaciones fueron con frecuencia mal recibidas por sus contemporáneos y por ulteriores investigadores. Estaba convencido de que los testimonios prehispánicos y coloniales contenían referencias ocultas a la Atlántida y a fenómenos geológicos producidos por un cataclismo. El célebre lingüista del siglo XIX Daniel Garrison Brinton apuntaba lo siguiente acerca del comentario realizado por el abate sobre el fragmento perteneciente a Juan de Tro y Ortolano del Códice de Madrid:

Es doloroso no poder decir una sola palabra a favor de sus opiniones... Son tan absolutamente descabelladas que incluso tenemos miedo de exponerlas.

Aunque muy pocas de sus interpretaciones han resistido el paso del tiempo, Brasseur de Bourbourg se merece un sólido crédito por publicar algunos de los grandes documentos pertenecientes a la antigua Mesoamérica, haciendo llamar la atención sobre ellos.

La sistemática publicación de los códices en forma de biombo constituyó otro importante desarrollo en los estudios decimonónicos sobre la antigua religión mesoamericana. De 1831 a 1846 el irlandés Edward King, Vizconde de Kingsborough, publicó con un coste de £32.000 su famosa serie *Antiquities of Mexico*. Los nueve impresionantes volúmenes contenían copias en color, realizadas por el artista Agostino Aglio, de códices procedentes de Inglaterra y Europa continental, incluyendo los Códices Borgia, Dresde y Vindoboniensis. Lord Kingsbourgh murió de tifus en 1837 en prisión, donde se hallaba debido a las deudas que había contraído con la publicación de dichas obras.

Junto a los manuscritos prehispánicos y coloniales, las esculturas y la cerámica antiguas son las fuentes más relevantes para la interpretación de las mitologías azteca y maya. En el primer período colonial, a principios del siglo XVI, las esculturas de piedra prehispánicas fueron consideradas poderosas amenazas satánicas que ponían en peligro la conversión de los indígenas. En 1531, el obispo de Nueva España, Juan de Zumárraga, dejaba constancia por escrito de la destrucción de 20.000 ídolos. A pesar de ello, muchas esculturas sobrevivieron, ya fuera ocultadas en cuevas, en la cima de las montañas, o incluso enterradas bajo los cimientos de la Ciudad de México. En 1790 se descubrieron dos grandes monumentos enterrados en la plaza central de la Ciudad de México. Tras más de 250 años de conversiones y dominio colonial, estos monumentos ya no eran considerados una amenaza. En lugar de ser destruidos, las recién descubiertas *Piedra del sol* o Calendario azteca y la escultura de Coatlique o diosa de la tierra, fueron tratadas como objetos de curiosidad y estudio. En 1792, Antonio de León y Gama publicó un detallado análisis de los dos monumentos, que en la actualidad son las piedras angulares del Museo Nacional de Antropología de la Ciudad de México.

En la región maya, el período más prolífico para la creación de monumentos no tuvo lugar durante la época de la conquista española sino mucho antes, durante el Período Clásico. La gran mayoría de las ciudades mayas del período Clásico yacían abandonadas en medio de la selva, lejos de los centros de

Ilustración de la escultura de Coatlique realizada por León y Gama, publicado por primera vez en 1792.

ocupación colonial. Por esta razón, fueron en su mayor parte ignoradas hasta la exploración activa desarrollada casi al final del período colonial. En 1784, José Antonio Calderón notificó el descubrimiento del yacimiento clásico de Palenque, que más tarde sería visitado por Antonio del Río, Guillermo Dupaix y otros exploradores coloniales posteriores. Sin embargo, los primeros que atrajeron una atención mundial hacia las antigüedades mayas del período Clásico fueron John LLoyd Stephens y Frederick Catherwood. Entre 1839 y 1842, Stephens y Catherwood recorrieron la mayor parte de la región maya y publicaron dos informes sobre sus viajes. Los dos volúmenes, al combinar los comprometidos y vivos relatos escritos por Stephens y las magníficas ilustraciones de Catherwood, se hicieron muy populares y dieron lugar a una futura generación de exploradores e investigadores.

En cuanto a la segunda mitad del siglo XIX, especial mención merecen Alfred P. Maudslay y Teobert Maler, que dedicaron grandes esfuerzos en descubrir y dejar constancia de los monumentos mayas. Un siglo después, las publicaciones de Maudslay y Maler continúan siendo indispensables para el estudio de los textos y la religión mayas. Influido por los escritos de Stephens, el inglés Alfred Maudslay visitó la región maya por primera vez en 1881. Durante los años siguientes hasta 1894, Maudslay viajó a Copán, Quiriguá, Palenque, Chichén Itzá y otros yacimientos del viejo imperio maya, dejando constancia de los monumentos de piedra en fotografías y moldes de escayola. Sus fotografías, acompañadas de excelentes dibujos realizados por Annie Hunter, comenzaron a ser publicadas en 1889, y la obra completa apareció en 1902 con el título de *Archaeology: Biologia Centrali-Americana*. Teobert Maler, nacionalizado austriaco, llegó a México por primera vez en 1865 como soldado del ejército del infortunado emperador Maximiliano. Maler comenzó en la década de 1880 su investigación sobre las ruinas y esculturas mayas con notas, recuentos, mapas y, lo más importante, maravillosas fotografías, realizando toda esta labor durante meses seguidos sin parar, a través de malezas llenas de espinos y en medio de la jungla en condiciones terriblemente difíciles. La única ayuda institucional que recibió fue la del Peabody Museum of Harvard University, que de 1901 a 1911 publicó una serie de monografías describiendo sus exploraciones en la zona sur de las tierras bajas mayas. Desgraciadamente, una gran parte de la obra de Maler no ha sido nunca publicada. Murió en 1917, enfurecido, amargado y absolutamente ignorado por la nueva generación de estudiosos de la Civilización Maya.

Con la publicación de documentación sobre los monumentos de piedra y otros restos, los especialistas de finales del siglo XIX comenzaron a incorporar los hallazgos arqueológicos al estudio de los códices prehispánicos y los textos coloniales. Uno de los investigadores más brillantes fue Ernst Förstemann, en aquel entonces bibliotecario jefe de la Biblioteca Real de Dresde y depositario del Códice maya de Dresde. Su novedosa investigación sobre este códice y otros manuscritos proporcionó una esclarecedora visión acerca de la naturaleza de los antiguos calendarios, matemáticas y escritura mayas, incluyendo la fecha base del 4 Ahau 8 Cumku, importantísima en el gran calendario maya de Cuenta Larga, que indudablemente era un hecho de enorme trascendencia mitológica para los antiguos mayas. La obra pionera de Förstemann hizo posible que Joseph Goodman y otros investigadores determinaran la fecha base del 3114 a.C. para el actual ciclo de Cuenta Larga. La configuración del sistema de Cuenta Larga demostraba también que la mayoría de los yacimientos y monumentos mayas databa de una época anterior al período Postclásico Tardío, momento en el que se produce la conquista española.

Un contemporáneo de Förstemann, Eduard Georg Seler, nació en 1849 en lo que entonces era Prusia. Seler fue uno de los más brillantes y prolíficos eruditos dedicados al estudio de los manuscritos y el arte de México antiguo. Junto a una comprensión enciclopédica de las fuentes y la cultura indígenas, Seler poseía una penetrante agudeza y realizó muchas y valiosas identificaciones en los antiguos códices y esculturas. Aunque Seler trabajó con éxito en la religión y el arte mayas antiguos, es mejor conocido por sus estudios sobre los códices de la región central de México, en especial sobre el Grupo Borgia. Seler contó para su investigación con la generosa ayuda del acaudalado americano Joseph Florimond, que poseía el título papal de Duc du Loubat. Deseando financiar no sólo la publicación, sino la interpretación de fidedignos fácsimiles de manuscritos pictóricos antiguos y del primer período colonial, Florimond creó una cátedra para Seler en la Universidad de Berlín en 1899. Gracias a su apoyo, Seler publicó importantísimos estudios sobre cuatro códices en forma de biombo:

el Tonalamatl Aubin, el Fejérváry-Mayer, el Vaticano B y, por último, el Códice Borgia, último y mejor de los estudios realizados por Seler. Muchos de los artículos de Seler se encuentran recogidos en sus obras completas en cinco volúmenes: *Gesammelte Abhandlungen zur Amerikanischen Sprach-und Altertumskunde.*

A finales del siglo XIX y principios del XX, el régimen de Porfirio Díaz supuso un extraordinario período para el estudio de la lengua y la cultura aztecas en México. En esta época fueron publicados lujosos volúmenes en ediciones cuidadosamente preparadas sobre la historia y la cultura azteca, incluidas las numerosas obras de Joaquín García Icazbalceta. Uno de los más afamados eruditos mexicanos fue Francisco del Paso y Troncoso, un excelente traductor de la lengua náhuatl clásica, que publicó muchos libros importantes sobre la religión azteca. En 1899 sacó a la luz una edición facsímil y un estudio sobre el más valioso códice azteca: el Códice Borbónico. Pero donde verdaderamente centró su mayor interés fue en el impresionante corpus que representaba el material sahaguntino. Paso y Troncoso escudriñó las bibliotecas de Europa en busca de documentos aztecas del siglo XVI. Trabajó en Madrid y en Florencia de 1892 a 1916, no pudiendo regresar nunca más a México. Por desgracia, factores como la Revolución Mexicana, la Primera Guerra Mundial, y su propia y compulsiva insistencia en realizar anotaciones muy detalladas, hicieron que su trabajo no fuera adecuadamente publicado.

El estudio de la religión azteca continuó floreciendo durante la primera mitad del siglo XX, y los primeros discípulos de Seler se convirtieron en los especialistas más eminentes, destacando entre ellos Walter Lehmann y Walter Krickeberg. Otro alemán, Hermann Beyer, se vio también profundamente influido por el método y los hallazgos de Seler. Discípulo de Beyer fue el mexicano Alfonso Caso, unos de los más grandes arqueólogos mesoamericanos del siglo XX y especialista en la escritura, los calendarios y la religión de las tierras altas mexicanas.

Ya hacia finales del régimen de Porfirio Díaz se acometieron excavaciones arqueológicas en numerosas zonas de México. Algunas de estas primeras excavaciones controladas fueron iniciadas en 1909 por Manuel Gamio, discípulo del famoso antropólogo americano Franz Boas. En 1922 Gamio publicó un imponente trabajo sobre el yacimiento y la actual comunidad de Teotihuacán, incluyendo sus excavaciones en el famoso Templo de Quetzalcóatl. No obstante, la relación cronológica entre aztecas, toltecas y civilización teotihuacana no acababa de ser entendida totalmente, y durante muchos años se pensó que Teotihuacán no era sino la gran Tollan de la leyenda azteca. En 1941, el etnohistoriador Wigberto Jiménez Moreno estableció que Tula era la auténtica Tollan de los toltecas, y a partir de entonces fue posible determinar el desarrollo de la cultura de la región central de México desde Teotihuacán a Tula, concluyendo con los aztecas.

En 1978 un impresionante monumento de piedra fue descubierto en la Ciudad de México en el corazón de la primitiva capital azteca de Tenochtitlan. Este monumento representaba a la diosa sacrificada Coyolxauhqui y señalaba la base de la más sagrada de las estructuras aztecas, el gran Templo Mayor, situado en el centro simbólico del universo azteca. De 1978 a 1982, las excavaciones dirigidas por Eduardo Matos Moctezuma dejaron al descubierto los cimientos del Templo Mayor. Las esculturas y el valor de las numerosas ofrendas halladas en las excavaciones confirmaban lo expuesto por las crónicas coloniales, que señalaban que la zona norte de la estructura del doble templo estaba dedicada a Tlaloc, dios de la lluvia y el rayo, mientras que el templo sur era el santuario de Huitzilopochtli, divinidad de culto de los aztecas. Mientras que la mitad dedicada a Tlaloc representaba una montaña de la que manaba agua, símbolo del sustento, la mitad sur representaba a Coatepec, la montaña donde el recién nacido Huitzilopochtli sacrificó a Coyolxauhqui y a sus cuatrocientos hermanos. En toda Mesoamérica, ningún proyecto arqueológico ha estado tan directamente relacionado con la conocida mitología indígena. El proyecto del Templo Mayor constituyó la espectacular excavación del mito azteca, además del descubrimiento de valiosos objetos de arte.

Durante la primera mitad del siglo XX, la Carnegie Institution of Washington jugó un destacado papel en la arqueología maya. Con su apoyo, se llevaron a cabo importantes investigaciones en Kaminaljuyú, Uaxactún, Chichén Itzá y otros yacimientos de la región maya. Sir J. Eric S. Thompson se hallaba entre los arqueólogos más sobresalientes afiliados a la Carnegie Institution, y durante la mayor parte de este siglo estudió en profundidad la escritura y religión mayas antiguas. Al igual que Seler, Thompson utilizó sus vastos conocimientos sobre la religión en la región central de México para interpretar la escritura y el arte mayas, y captó la importancia que la reciente etnografía maya tenía en el estudio de la religión maya prehispánica.

Para descifrar la escritura jeroglífica de los mayas, Thompson y sus contemporáneos se basaron en las interpretaciones epigráficas de Ernst Förstemann. Hasta ese momento se pensaba que la antigua escritura maya se relacionaba fundamentalmente con los calendarios y la astronomía, y que tenía poco que ver con los hechos históricos y mitológicos. Sin embargo, este punto de vista cambió radicalmente a principio de la década de los 60 gracias a los importantes descubrimientos epigráficos realizados por Heinrich Berlin y Tatiana Proskouriakoff, que demostraron que la escritura maya clásica no se basaba solamente en los calendarios, sino que contenía referencias históricas a nacimientos, ascensos al trono, matrimonios, guerras y otros sucesos. Estos episodios no se limitaban a los humanos sino que también se recogían los relacionados con los dioses de la antigüedad.

Al tiempo que tenían lugar los descubrimientos de Berlín y Proskouriakoff, se produjo además otro cambio fundamental en el estudio de la escritura maya. El epigrafista ruso Yuri Knorozov había expuesto ya en los años 50 que la antigua escritura maya era una escritura foneticosilábica. Aunque Thompson era claramente crítico con respecto a este enfoque fonético, otros eruditos comenzaron a desarrollar los hallazgos de Knorozov y, en la actualidad, es generalmente aceptado que la escritura maya es acusadamente fonética. El desciframiento de la escritura maya continúa a gran velocidad, y cada año hay nuevas lecturas que arrojan más luz sobre los nombres de las deidades, los hechos mitológicos y otros aspectos de la religión maya.

Aunque los monumentos mayas clásicos contienen claras referencias a los dioses y a la mitología, la fuente más importante para el estudio de los mitos mayas clásicos procede de otro medio: las vasijas de cerámica exquisitamente pintadas o talladas. Durante años estas vasijas han sido halladas en excavaciones controladas realizadas en las tumbas reales, pero en la década de los 60 innumerables objetos de cerámica maya comenzaron a aparecer en el mercado del arte como resultado de un desafortunado y sistemático expolio. De repente, apareció un importante, aunque pequeño corpus de elaboradas escenas narrativas ya comprensibles. En 1973, el arqueólogo Michael D. Coe sugirió que la mayor parte de las imágenes que aparecen en las vasijas revelan una relación con la ancestral versión del *Popol Vuh* quiché, detallado relato sobre dos parejas de gemelos a través de sus viajes al reino del inframundo. Aunque se han producido algunas modificaciones no demasiado importantes en años posteriores, ha quedado patente que los mayas clásicos conocían una versión de la

Vaso maya perteneciente al período Clásico Tardío en el que aparecen figuras sobrenaturales (Museum of Mankind, Londres), c. siglo VII d.C.

epopeya de la creación llamada *Popol Vuh*, dado que en los vasos mayas de este período aparecen numerosos episodios relacionados con la misma.

Gracias a Sahagún y a otros cronistas del siglo XVI poseemos una excelente documentación sobre la mitología y los ritos aztecas, y con bastante frecuencia podemos encontrar el mismo mito en diversas fuentes. El material centromexicano ha sido también estudiado en profundidad por especialistas en temas aztecas durante más de un siglo, siguiendo una tradición que aún hoy sigue vigente. Sin embargo, el estudio de la mitología maya antigua está aún en sus inicios. Aparte del *Popol Vuh*, existen relativamente pocos textos del período de la conquista de los españoles relacionados con los mitos mayas. Además, la escritura y el arte de los mayas antiguos aún están en proceso de desciframiento, y continuamente se descubren nuevos textos y lugares. Sin embargo, aun teniendo en cuenta las circunstancias en las que se encuentran las investigaciones actuales, los textos y arte mayas prehispánicos pueden decirnos mucho sobre la antigua mitología maya, incluyendo los mitos no documentados por los testimonios coloniales. La intrincada y sumamente desarrollada naturaleza de la escritura y la iconografía del imperio maya nos proporciona una oportunidad única de introducirnos en un mundo religioso existente unos miles de años antes del contacto con los españoles.◻

Mitología Azteca

En 1524, tres años escasos después de la conquista de México, un grupo de sabios aztecas supervivientes mantuvieron diálogos y discusiones con los primeros misioneros franciscanos que llegaron a la recién fundada Ciudad de México. Estas son algunas de las palabras pronunciadas por los aztecas en defensa de sus creencias:

Vosotros dijisteis que nosotros no conocemos al Señor del Cerca y del Junto, a Aquel de quien son los cielos y la tierra. Dijisteis que no eran verdaderos nuestros dioses. Nueva palabra es ésta, la que habláis, por ella estamos perturbados, por ella estamos molestos. Porque nuestros progenitores, los que han sido, los que han vivido sobre la tierra, no solían hablar así. Ellos nos dieron sus normas de vida, ellos tenían por verdaderos, daban culto, honraban a los dioses.

Este extraordinario diálogo, consignado en las obras de Fray Bernardino de Sahagún, señala el intercambio inicial entre dos mundos que poseían un pensamiento religioso desarrollado de una manera completamente independiente el uno del otro durante miles de años.

Para los aztecas, la creación es el resultado de una oposición y un conflicto complementarios. Bastante similar al diálogo entre dos individuos, la interacción y el intercambio entre opuestos constituye un acto creativo. El concepto de oposición interdependiente está encarnado en el gran dios creador, **Ometeotl**, dios de la Dualidad, que reside en el decimotercer cielo o más alto paraíso de Omeyocán, Lugar de la Dualidad. Al poseer tanto el principio creativo masculino como el femenino, también aparece representado por la pareja **Tonacatecuhtli** y **Tonacacihuatl**, Señor y Señora de Nuestro Sustento. Aunque Ometeotl constituye la fuente de todas las cosas, sus descendientes tanto masculinos como femeninos, deidades menores aunque poseedoras de un gran poder, protagonizan todos los hechos de la creación. Dado que los humanos son producto o hijos de estos dioses menores, Ometeotl podría ocupar el lugar de nuestros abuelos. Quizás por esta razón, y para indicar sus orígenes primordiales, Ometeotl es con frecuencia representado como un anciano de mandíbula colgante. No obstante, la vejez no es, de ningún modo, sinónimo de debilidad, ya que entre los aztecas y otros pueblos mesoamericanos se cree que los hombres adquieren más fuerza vital con el transcurso de los años.

Dos hijos de Ometeotl, **Quetzalcóatl** y **Tezcatlipoca**, desempeñan un papel fundamental en la mitología de la creación para los aztecas. A veces aliados y a veces adversarios, estos dos dioses crean el cielo y la tierra. Quetzalcóatl, la Serpiente Emplumada, es generalmente identificada con el agua, la fertilidad y, por extensión, con la vida misma. Uno de los aspectos adoptado por Quetzalcóatl es Ehecatl, dios del Viento, que aparece en el aliento de los seres vivos y en las brisas que traen las nubes de lluvia fructífera. Mientras Quetzalcóatl es normalmente representado como

Quetzalcóatl, la Serpiente Emplumada. El cuerpo emplumado de la serpiente se ondula por la espalda (derecha). El rostro humano de Quetzalcóatl se proyecta partiendo de un anillo solar radiado (izquierda), y es posible que represente aquí al sol del viento, o Nahui Ehecatl, segunda creación en la cosmogonía azteca. Escultura de piedra azteca (Museum of Mankind, Londres). Período Postclásico Tardío.

un héroe de la civilización, benevolente e identificado con el equilibrio, la armonía y la vida, Tezcatlipoca representa el conflico y el cambio. Entre los muchos epítetos aztecas empleados para este imponente ser encontramos el de «el adversario» y «aquel de quien somos esclavos». El nombre de Tezcatlipoca significa Espejo Humeante, se le representa generalmente con un espejo de obsidiana en la parte posterior de su cabeza y otro reemplazando a uno de sus pies. La cualidad ahumada del espejo puede aludir al negro cristal de la obsidiana, pero también evoca su misteriosa naturaleza, que cambia constantemente en medio de una neblina parecida a una nube.

El panteón azteca está compuesto también por otro gran número de deidades, entre las que hallamos dioses y diosas de la agricultura y la lluvia, el fuego, el amor y el placer, la muerte, la guerra y los cuerpos celestes. Muchos de ellos fueron venerados en la región central de México durante la mayor parte del período Postclásico Tardío, y no aparecen sólo en los manuscritos y esculturas aztecas, sino que también los encontramos en los cinco libros prehispánicos que forman el Grupo Borgia. El prácticamente ubicuo Tlaloc, dios del Agua de Lluvia y del Rayo, puede ser hallado en la región central de México en una época tan remota como el siglo I a.C. En el período Postclásico Tardío, este dios es representado con los ojos saltones y un labio superior prominente que deja ver unos dientes largos como los de un jaguar. Su consorte, **Chalchiuhtlique**, la de la falda de jade, es la diosa de las aguas de los ríos y de las aguas estancadas. El jóven dios del maíz, **Cinteotl**, es representado frecuentemente con una arruga discontinua que le cruza la cara, y con espigas de maíz en su tocado. Una de las deidades de la fertilidad más impresionantes es **Xipe Totec**, deidad del rejuvenecimiento primaveral y protector de los orfebres. Es fácilmente reconocible debido a su máscara y a que va revestido con la piel de seres vivos desollados. Durante el mes azteca de veinte días llamado de Tlacaxipehualiztli, los hombres adoptaban la personalidad de Xipe Totec vistiéndose con las pieles de las víctimas humanas desolladas en su honor. El significado de este rito es obscuro, aunque algunos interpretan que la piel representaba el nuevo despertar de la primavera que cubría la tierra.

Hay una serie de deidades que se relacionan con el fuego, de entre ellas la más antigua es **Huehueteotl**, el Dios Viejo; su imagen aparece en incensarios hallados en Puebla que se remontan al año 500 a.C. Otra importante deidad del fuego es **Xiuhtecuhtli**, el Señor Turquesa, dios del tiempo y dios protector de los gobernantes.

Otros dioses de la región central de México personifican el placer y la codicia. **Xochipilli**, el Príncipe de las Flores, coincide bastante con el dios del maíz, y es el dios protector del placer y las artes. Xochipilli tiene también una estrecha relación con **Macuilxochitl**, Cinco Flores, dios de los deportes y el juego. La hermosa diosa **Xochiquetzal**, o Flor Quetzal, se distingue frecuentemente por la cinta de flores que luce en el pelo y por llevar a modo de cuernos dos penachos de pluma del pájaro quetzal de color esmeralda. Es la diosa de las artes, el placer físico y el amor fácil. La diosa **Tlazolteotl**, Mujer de las acciones impúdicas, es asociada con las consecuencias de la lascivia y la vida licenciosa. Otro de sus nombres, **Tlaelquani**, Comedora de Excrementos, expresa su identificación con la confesión y la purificación; la zona oscurecida alrededor de su boca probablemente hace referencia a esta desagradable pero necesaria obligación. El principal dios de la muerte era **Mictlantecuhtli**, Señor del Mictlán, el oscuro y tenebroso mundo inferior. Frecuentemente aparece acompañado por su esposa, **Mictlancihuatl**, y se le representaba por medio de un esqueleto armado, con un gorro cónico plisado y otras vestiduras de papel.

En el México central, un buen número de dioses representaban al sol, al planeta Venus, a las estrellas, a la Vía Láctea y a otros cuerpos celestes. Tal vez porque los movimientos de estos cuerpos celestes en el espacio eran interpretados como batallas cósmicas, muchos de estos dioses fueron identificados con la guerra. De entre estos dioses estelares, uno de los más despiadados era **Tlahuizcalpantecuhtli**, Señor del Amanecer, la personificación del planeta Venus como Estrella de la Mañana. La primera aparición de Venus como Estrella de la Mañana fue muy temida en la antigua Mesoamérica, ya que se creía que su luz podía causar un grave daño. Varios códices del Grupo Borgia contienen complejas tablas astronómicas prediciendo los ciclos de Venus por un período aproximadamente superior a los 104 años. En estas imágenes, Tlahuizcalpantecuhtli proyecta sus terribles rayos utilizando un lanzadardos. **Mixcoatl**, Serpiente Nube, fue otra divinidad estelar. Su cuerpo generalmente aparecía pintado de rojo con rayas blancas siendo asociado con los guerreros enemigos capturados y destinados al sacrificio. Dios de la Vía Láctea, Mixcoatl encarnaba las almas de los guerreros que se convertían en estrellas después de la muerte. Entre los dioses celestes más destacados está **Tonatiuh,** el dios sol, que aparece por primera vez en el arte tolteca del período Postclásico Temprano. Tonatiuh es representado generalmente te como un guerrero armado dentro de un disco solar radiado. Aunque centro del culto a la guerra –gran parte de su esencia estaba en la obtención de cautivos y corazones que habían de ser ofrecidos al sol– Tonatiuh no fue el único dios solar de la guerra para los aztecas.

La creación del cielo y la tierra

Al igual que los mayas y otros pueblos mesoamericanos, los aztecas creían que habían existido otros mundos antes que el nuestro. Según los aztecas, existieron cuatro mundos o «soles» anteriores, cada uno de ellos nombrado con una fecha del ciclo solar de 260 días e identificado con una deidad determinada y con una raza concreta de humanos. Junto al nombre calendárico, cada uno de los soles estaba vinculado a la tierra, al viento, al fuego o al agua. Cada uno de los cuatro elementos se relaciona no sólo con la naturaleza y la composición de su propio mundo, sino también con su destrucción. Así, por ejemplo, el sol de la tierra, Nahui Ocelotl (4 Jaguar), es destruido por los jaguares, criaturas íntimamente relacionadas con la tierra y el inframundo. Tezcatlipoca y Quetzalcóatl desempeñan un papel importante en los cuatro soles, como si las múltiples creaciones y destrucciones fueran el resultado de una batalla cósmica entre estos dos grandes adversarios. Además de las representaciones de este mito en la antigua iconografía escultórica de los aztecas, también encontramos más de diez versiones del mismo en las fuentes procedentes de la época colonial. Aunque los documentos coloniales no se ponen de acuerdo en el orden de los diversos soles, dos de los textos más antiguos e importantes, la *Historia de los mexicanos por sus pinturas* y la *Leyenda de los soles*, ofrecen el mismo orden con el que aparecen en los monumentos aztecas. La siguiente versión procede de estas dos valiosas crónicas:

Dentro del decimotercer cielo, la pareja creadora dio a luz a cuatro hijos. El primero es el Tezcatlipoca Rojo, pero es el segundo hijo, el Tezcatlipoca Negro, quien corresponde al Tezcatlipoca de mayor importancia en la mitología azteca. El tercer hijo es Quetzalcóatl y el cuarto, Huitzilopochtli, principal dios protector de los aztecas. Juntos, estos cuatro hermanos crean el fuego, el cielo, la tierra, el mar y el inframundo, la primera pareja humana y el calendario sagrado. El Tezcatlipoca Negro gobierna sobre el primer mundo, el sol de la tierra, poblado por una raza de gigantes. Tan poderosos son estos gigantes que arrancan los árboles simplemente con las manos. Blandiendo un bastón, Quetzalcóatl arroja a Tezcatlipoca a las profundidades del mar. Elevándose desde el fondo del océano, éste se convierte en un enorme jaguar, que aún hoy puede ser visto transformado en la constelación de la Osa Mayor. A su regreso, la raza de los gigantes es completamente devorada por los fieros jaguares. Una fuente anterior apunta que los aztecas creían que los restos fósiles de los mamuts y de otras grandes criaturas ya extinguidas, halladas cerca de Tenochtitlan, eran los huesos de esta antigua civilización.

Quetzalcóatl rige la creación siguiente, el sol de viento. Este mundo es destruido por Tezcatlipoca, que vence a Quetzalcóatl derribándolo. A consecuen-

Destrucción del sol de viento y transformación de los humanos en monos. En la parte superior de la escena, aparece Quetzalcóatl representado como el sol de viento rodeado por un símbolo solar radiado. Códice Vaticano A, f.º 6r (detalle), primer período colonial.

ABAJO Chalchiuhtlique, la diosa azteca de las aguas estancadas y el sol del agua, Nahui Atl. Códice Borbónico, p. 5 (detalle), período colonial Temprano azteca.

cia de ello, Quetzalcóatl y su pueblo son arrastrados por fuertes vientos lejos de México. Los descendientes de esta primitiva civilización aún pueden ser vistos transformados en monos que se balancean y corren saltando en los árboles de la selva. La *Leyenda de los soles* describe este mundo de la siguiente manera:

Este Sol es conocido como 4-Viento.
Aquellos que vivieron bajo este segundo Sol fueron arrastrados por el viento. Fue bajo el Sol 4-Viento que todos desaparecieron.
Fueron arrastrados por el viento. Se convirtieron en monos.
Sus hogares, sus árboles, todo se lo llevó el viento.
Y este mismo sol fue también barrido por el viento.

El dios de la lluvia, Tlaloc, gobernaba en la tercera creación, el sol de lluvia. Este mundo es destruido por Quetzalcóatl con una lluvia de fuego –probablemente ceniza volcánica, un incidente geológico relativamente frecuente en la región central de México. La ardiente lluvia transforma mágicamente al pueblo de esta civilización en pavos. El cuarto sol, el sol del agua, es regido por la esposa de Tlaloc, Chalchiuhtlique, la de la falda de jade, diosa de los riachuelos y de las aguas estancadas. Un gran diluvio destruye este mundo, y sus hombres son transformados en peces. El diluvio es tan impresionante que las montañas son arrastradas por las aguas, haciendo que el cielo caiga sobre la tierra.

La *Leyenda de los soles* menciona a un hombre, Tata, y a su esposa Nene, a quienes Tezcatlipoca protege. En realidad, un equivalente a Noé y su esposa en el Nuevo Mundo, Tata y Nene escapan del diluvio refugiándose en un tronco hueco. Advertidos por Tezcatlipoca de que sólo deben comer una espiga de maíz cada uno, mordisquean lentamente los granos de maíz y observan cómo las aguas van lentamente retrocediendo. Cuando por fin pueden abandonar el árbol sin peligro, ven un pez –uno de sus infortunados hermanos transformados por el diluvio. Tentados ante la posibilidad de comer algo rápidamente, consiguen producir un nuevo fuego y cocinan el pez. Pero los dioses estelares Citlallinique y Citlallatonac observan el humo y preguntan: «Dioses, ¿quién ha encendido ese fuego?, ¿quién ha llenado de humo los cielos?». Tezcatlipoca desciende inmediatamente del cielo y pregunta furioso: «¿Qué has hecho, Tata? ¿Qué es lo que habéis hecho?». Al instante les corta la cabeza y los coloca a cuatro patas: de esta manera fueron creados los primeros perros.

La restauración del cielo y la tierra

Aunque Tezcatlipoca y Quetzalcóatl fueron, sin duda, agentes de importancia en la destrucción de las anteriores eras solares, hay que reconocerles también su participación en la nueva creación del cielo y la tierra, no como adversarios, sino como aliados. La *Historia de los mexicanos por sus pinturas* nos ofrece una importante versión en la que, ayudados por otras cuatro deidades, los cuatro hijos de la pareja creadora construyen cuatro sendas que conducen al centro de la tierra. Con la tierra dividida así en cuatro cuadrantes, los ocho dioses levantan el cielo. Para servir de apoyo y sostén al cielo, Tezcatlipoca y Quetzalcóatl se transforman

La deidad azteca de la Tierra, Tlaltecuhtli. Detalle de una escultura de piedra, período Postclásico Tardío.

en dos enormes árboles. El árbol de Tezcatlipoca se reconoce por sus brillantes espejos, y el de Quetzalcóatli por las plumas del quetzal esmeralda. Para recompensarlos por sus esfuerzos, Tonacatecuhtli los hace señores de los cielos y de las estrellas; la Vía Láctea es el camino por el que ellos cruzan el cielo estrellado.

En otro mito azteca de la creación, Quetzalcóatl y Tezcatlipoca forman los cielos y la tierra al desmembrar al gran monstruo de la Tierra, Tlaltecuhtli. Aunque el nombre Tlaltecuhtli significa Señor de la Tierra, este ser posee en realidad un doble sexo y, con frecuencia, es descrito como femenino. Tlaltecuhtli se funde a veces con otro monstruo de la tierra, un gran caimán cuyo lomo de cocodrilo erizado de púas forma las cadenas montañosas del mundo. El mito de Tlaltecuhtli estaba muy extendido en Mesoamérica, y encontramos su equivalente entre los mayas de Yucatán.

En una versión azteca que aparece en la *Histoyre du Mechique*, Quetzalcóatl y Tezcatlipoca descienden del cielo para observar cómo Tlaltecuhtli cruza de un salto el mar. Tan violento es su deseo de carne que no sólo posee unas enormes fauces llenas de dientes, sino también bocas con rechinantes dientes en sus hombros, rodillas y otras articulaciones. Quetzalcóatl y Tezcatlipoca deciden que la creación no puede considerarse terminada mientras entre ellos exista una bestia tan horrenda. Para crear la tierra, por lo tanto, Quetzalcóatl y Tezcatlipoca se transforman en dos grandes serpientes. Una de estas serpientes agarra la mano izquierda y el pie derecho de Tlaltecuhtli y la otra su mano derecha y su pie izquierdo, y entre ambas despedazan al monstruo. La parte superior de su cuerpo se convierte, entonces, en la tierra, mientra la otra mitad es lanzada al espacio para crear el cielo.

El violento asesinato y descuartizamiento de Tlaltecuhtli provoca la cólera de los demás dioses. Para consolar a la mutilada tierra, deciden que todas las plantas necesarias para la vida humana nacerán de su cuerpo. De sus cabellos surgen los árboles, las flores y las hierbas, y de su piel los pastos y las flores más pequeñas. Sus ojos son el origen de pozos, manantiales y pequeñas cuevas; su boca, de grandes ríos y cavernas; y su nariz, de cadenas montañosas y valles. A veces, aún se puede oír gritar en la noche a la diosa de la Tierra exigiendo

sangre y corazones humanos. En el fondo, sólo la carne y la sangre de los sacrificios pueden tranquilizar y aliviar suficientemente a Tlaltecuhtli para que continúe produciendo los frutos necesarios para la vida humana.

El origen del hombre

Una vez que han vuelto a crear el mundo, los dioses deciden que los hombres
son necesarios para repoblar la tierra. Hay algunas crónicas coloniales que describen la creación de la actual raza humana; la siguiente versión puede hallarse
en la *Leyenda de los soles* y en la *Histoyre du Mechique*. Los dioses deciden que
el dios del viento, Quetzalcóatl, visite el reino del Inframundo con el fin de recuperar los huesos humanos de la última creación, la raza se convertirá en peces
por el diluvio. El Inframundo, un peligroso lugar conocido como Mictlán, está
gobernado por Mictlantechtli, Señor de Mictlán, a quien se representa como un
esqueleto armado, con la boca abierta. Cuando Quetzalcóatl llega al mundo inferior, pregunta a Mictlantecuhtli y a su esposa por los huesos de los antepasados:

*Los dioses de la Muerte y de la Vida, Mictlantecuhtli y Ehecatl-Quetzalcóatl. Códice Borgia,
p. 56 (detalle), período Postclásico Tardío.*

Y entonces Quetzalcóatl fue al Mictlán. Se aproxima a Mictlantecuhtli y a Mictlancihuatl; inmediatamente les dice:
«He venido en busca de los preciosos huesos que tú guardas. Vine a tomarlos.»
Y le preguntó Mictlantecuhtli: «¿Qué vas a hacer con ellos, Quetzalcóatl?»
Y una vez más dice Quetzalcóatl: «Dolientes están los dioses porque desean que alguien habite la tierra.»

El astuto dios de la Muerte accede a darle los huesos, siempre que Quetzalcóatl pueda realizar una tarea aparentemente sencilla. Le dice a Quetzalcóatl que dé cuatro vueltas en torno a su solio circular hecho de esmeraldas mientras tañe su caracol. Pero Mictlantecuhtli le entrega un caracol que no tiene perforación para asirlo. Para no ser burlado, Quetzalcóatl llama a los gusanos con el fin de que lo perforen y a las abejas para que entren en él y lo hagan sonar. (Como un símbolo de sus poderes sobre el viento y la vida, Quetzalcóatl es con frecuencia representado llevando sobre su pecho la Joya del Viento hecha de concha tallada).

Al oír que el caracol tañía, Mictlantecuhtli permite en un principio a Quetzalcóatl coger los huesos de la última creación, pero rápidamente cambia de opinión. Sin embargo, una vez más Quetzalcóatl demuestra ser más listo que Mictlantecuhtli y que sus criados de la región de los muertos, y escapa con los huesos. Entonces Mictlantecuhtli, enfurecido, ordena a sus sirvientes que hagan un foso. Cuando Quetzalcóatl va corriendo hacia ese lugar, una codorniz sale despavorida y lo asusta, haciendo que se precipite dentro del foso.

Habiendo sido hecho el foso, Quetzalcóatl se cae dentro, tropieza contra las paredes y es asustado por una codorniz. Quedó como muerto y los huesos rodaron por tierra. La codorniz comenzó a mordisquearlos y a roerlos.

Aunque al final Quetzalcóatl se rehace y recupera los huesos, éstos están ahora muy deteriorados, y esa es la razón por la que hoy los hombres tienen distintas estaturas. Tras escapar del Inframundo, Quetzalcóatl lleva su preciosa carga hasta Tamoanchán, tierra de la vida naciente. Allí la vieja diosa Cihuacoatl, o Mujer Serpiente, muele los huesos junto con una especie de harina y los pone dentro de un lebrillo especial. Los dioses se reúnen en torno al recipiente y dejan caer gotas de su sangre sobre los huesos molidos, y de los huesos de los hombres peces mezclados con la sangre del autosacrificio de los dioses nace la actual raza humana.

El origen del maíz

Aunque así los hombres regresaron a la superficie de la tierra, aún necesitaban comida que les sirviera de sustento y les diera fuerzas. Existen varios mitos diferentes que describen los orígenes del maíz y de otras plantas de cultivo, siendo uno de los más importantes el que aparece en la *Leyenda de los soles*. Todavía se conocen, en la actualidad, versiones de este mito en muchas regiones de México y Guatemala.

Después de crear a los hombres en Tamoanchán, todos los dioses salen en busca de su futuro alimento. Quetzalcóatl espía a una hormiga roja que transporta granos de maíz, y le pregunta en qué lugar encontró ese alimento maravilloso. La hormiga se niega a decírselo, pero, tras mucho porfiar, decide lle-

Tlaloc vierte agua y granos con una preciosa jarra de jade. Detalle de una caja de piedra azteca (Museum of Mankind, Londres), período Postclásico Tardío.

var a Quetzalcóatl hasta el lugar, el Monte Tonacatepetl, o Monte de los Sustentos. Quetzalcóatl se convierte en una hormiga negra y logra pasar por la estrecha abertura, penetrando junto a la hormiga roja en la montaña de piedra hasta una cámara llena de semillas y granos. Quetzalcóatl regresa a Tamoanchán llevando con él los granos de maíz. Los dioses mordisquean el maíz y lo colocan en las bocas de los hombres, aún niños, para hacerlos crecer.

Estos preguntan a los dioses: «¿Qué haremos con Tonacatepetl?». Entonces Quetzalcóatl rodea la montaña con una cuerda y hace intentos de cargar con ella, pero la montaña es demasiado grande para poder ser levantada. La vieja pareja de adivinos, Oxomoco y Cipactonal, echan suertes con los granos de maíz para determinar el modo de conseguir las semillas de Tonacatepetl. La pareja predice que el dios llagado Nanahuatzin será el que podrá quebrar la roca de los sustentos; así pues, con la ayuda de los cuatro dioses direccionales de la lluvia y el rayo, los dioses Tlaloque azules, blancos, amarillos y rojos, Nanahuatzin abre de un golpe el Monte de los Sustentos, haciendo que los granos de maíz y las demás semillas se esparzan en todas direcciones.

Los Tlaloques se apoderan rápidamente de todos los sustentos: maíz blanco, maíz negruzco, maíz amarillo y maíz rojo, así como de los frijoles y otras plantas comestibles. Después de obtener los sustentos de Tonacatepetl, los Tlaloques son los auténticos dispensadores de las cosechas y de las lluvias.

El origen del pulque

Bebida alcohólica que se obtiene del jugo de la planta de magüey fermentada, el pulque jugó un papel fundamental en la vida ceremonial de los aztecas no sólo como bebida ritual sino también como ofrenda de sacrificio. El pulque se bebía con frecuencia en banquetes y celebraciones, aunque la intoxicación pública era considerada un delito grave, especialmente para aquellos de noble procedencia. Los orígenes míticos del pulque son descritos en una de las fuentes de mayor importancia, la *Histoyre du Mechique*, que contiene una de las pocas referencias míticas a los monstruosos *tzitzimime* (en singular *tzitzimitl*), genios maléficos de la oscuridad que continuamente amenazaban con destruir el mundo. Estos demonios de la noche, a menudo

Demonio tzitzimitl femenino. Códice Magliabechiano, p. 76r, primer período colonial azteca.

femeninos, son las estrellas que luchan eternamente contra el sol al atardecer y al amanecer.

Aunque a los hombres se les había proporcionado semillas de las que obtener alimentos, había muy poco en sus vidas que les produjera placer o alegría. Los dioses llegaron a la conclusión de que se necesitaba algo que hiciera a la gente cantar y bailar. Quetzalcóatl decidió que una bebida alcohólica traería placer a la vida de los hombres; así que llamó a Mayahuel, la bella y joven diosa del magüey, que habita en el cielo con su temible abuela *tzitzimitl*. Quetzalcóatl halla dormida a la virgen Mayahuel, pero la despierta y la persuade de que descienda con él a la tierra. Allí se unen en un gran árbol ahorquillado, siendo Qietzalcóatl una rama y Mayahuel la otra.

Al despertarse y no encontrar a Mayahuel, la enfurecida abuela convoca a los demonios estelares, sus compañeros los *tzitzimime,* con el fin de hallar a su nieta desaparecida. Los encolerizados *tzitzimime* se lanzan de bruces desde el cielo al árbol donde se ocultan Quetzalcóatl y Mayahuel. En el preciso instante en que aparecen, el árbol se parte por la mitad y las dos ramas se precipitan al suelo. La abuela *tzitzimitl* reconoce la rama de Mayahuel y, arrancándola salvajemente, entrega partes de su nieta a los otros *tzitzimime* para que la devoren. Pero la rama de Quetzalcóatl queda intacta e indemne, y cuando los *tzitzimime* regresan al cielo, Quetzalcóatl retoma su forma primera. Reuniendo con tristeza los roídos huesos de Mayahuel, Quetzalcóatl los entierra, y de esta sencilla sepultura nace la primera planta de magüey, el misterioso origen del pulque.

La creación del quinto sol

La creación del quinto sol, Nahui Ollin, supone el fin culminante de la epopeya de la creación. Para los aztecas, la creación tuvo lugar en la antigua ciudad de Teotihuacán, localizada a unos 40 kilómetros (25 millas) al noreste de la Ciudad de México, y creían que éste fue el lugar donde comenzó el tiempo. El siguiente relato procede de dos fuentes principales: el Códice Florentino y la *Leyenda de los soles*.

Después de la creación de la tierra, de los hombres, y de su sustento y su bebida, los dioses se reunieron en la oscuridad en Teotihuacán para decidir quién sería el nuevo sol que iluminaría el mundo:

Se dice que cuando aún todo era oscuridad, cuando aún no había brillado ningún sol y ningún amanecer había nacido –se dice– los dioses se reunieron todos y formaron concilio allí en Teotihuacán. Y hablaron; y dijeron entre ellos:
«¡Venid aquí, oh dioses! ¿Quién sostendrá la carga? ¿Quién aceptará ser el sol? ¿Quién traerá el día?»

Un arrogante dios llamado Tecuiztecatl se ofrece inmediatamente como voluntario, pero los demás dioses eligen como segundo aspirante al humilde y enfermo Nanahuatzin (el mismo que había partido en dos el monte de los sustentos para conseguir maíz). Como guerrero, acepta estoicamente esta elección considerándolo un deber propio y una deuda hacia los demás dioses. Se construyen dos montículos para que Tecuiztecatl y Nanahuatzin ayunen y hagan penitencia mientras se prepara la pira del sacrificio; estas dos elevaciones aún pueden ser contempladas, siendo conocidas como las Pirámides del Sol y de la Luna. Las ofrendas que Tecuiztecatl presenta durante su ayuno y vigilia están hechas con los materiales más finos y valiosos. En lugar de ramas de abeto lleva plumas de quetzal y como gavillas utiliza bolas de oro. En vez de espinas de magüey salpicadas de su propia sangre, ofrece leznas de jade coronadas de coral rojo. El incienso quemado por Tecuiztecatl es también de una calidad excepcional y exquisita. Las ofrendas de Nanahuatzin, por el contrario, son de poco valor material. Como ramas de abeto y gavillas lleva haces de junco, y ofrece auténticas espinas de magüey manchadas de su propia sangre. Como incienso, quema costras tomadas de su propio cuerpo.

A medianoche, tras cuatro días de penitencia, los dioses visten a ambos aspirantes y mientras Tecuiztecatl va ricamente engalanado, Nanahuatzin sólo lleva simples vestiduras de papel. Entonces los dioses hacen un círculo alrededor de la pira del sacrificio, que ha estado ardiendo durante cuatro días y que en esos momentos arde intensamente. Situados a ambos lados de la hoguera, los dioses piden a Tecuiztecatl que salte a las llamas. Tecuiztecatl corre hacia la pira, pero el calor y las llamas abrasadoras lo llenan de terror haciéndole retroceder. Lo intenta una vez más, pero una vez más se detiene ante el fuego. Cuatro veces corre hacia las llamas, pero otras tantas veces vacila y queda paralizado. Por fin, los dioses llaman a Nanahuatzin y éste, en un instante, corre y se arroja al fuego:

Y Nanahuatzin, sin dudar ni un instante, decidido –resuelto– endureció su corazón, y cerró firmemente los ojos. No sentía miedo; no se detuvo; el terror no lo hizo vacilar; no retrocedió. Sin pensarlo, rápidamente se arrojó al fuego; se lanzó de una vez por todas. Inmediatamente ardió; su cuerpo crepita y chisporrotea.

Al ver la heroica muerte de Nanahuatzin, Tecuiztecatl se echa al fuego y muere, y tras él, el águila y el jaguar también se arrojan a la pira. Las puntas de las plumas del águila quedan totalmente chamuscadas, y la piel del jaguar se tizna de manchas negras. Debido a la bravura que demostraron en Teotihuacán, el águila y el jaguar se convirtieron en las dos grandes órdenes militares de los guerreros aztecas.

Tras las violentas muertes de Nanahuatzin y Tecuiztecatl, los dioses esperan y confían en verlos reaparecer en alguna parte. Gradualmente, el cielo comienza a enrojecer en todas las direcciones. Los dioses miran fijamente y vuelven sus cabezas, estirando sus cuellos para ver el lugar por donde saldrá por primera vez el bravo Nanahuatzin. Algunos adivinan correctamente que Nanahuatzin aparecerá por el este, y señalando en aquella dirección, son los primeros en contemplar cómo emerge. Ni enfermo, ni humilde, Nanahuatzin regresa elevándose como Tonatiuh, el ardiente dios del sol cuyos rayos se disparan en todas las direcciones:

Y cuando el sol por fin salió, cuando estalló en el cielo, parecía rojo; se quedó moviéndose de un lado a otro. Era imposible mirarlo a la cara; con su luz cegaba a todo el mundo.

Poco después, también Tecuiztecatl se levanta por el este, tan brillante como Tonatiuh. Tan parecidos son el uno al otro que los demás dioses se preocupan de que el mundo llegue a ser demasiado luminoso. Uno de los dioses corre y lanza un conejo en la cara de Tecuiztecatl. De este modo, al quedar herida, la cara de la luna es más débil que la del sol, y durante las lunas llenas, el conejo puede ser visto sentado en el rostro de la luna.

Aunque es así como el sol y la luna aparecen en el firmamento, sin embargo no siguen su trayectoria sino que en lugar de ello permanecen inmóviles en el cielo. Tonatiuh exige para moverse la lealtad y la sangre de los demás dioses. Enfurecido ante su arrogancia, el dios de la estrella de la mañana conocido como Tlahuizcalpantecuhtli, Señor de la Aurora, dispara su dardo contra el sol. Sin embargo, no da en el blanco, y el sol responde lanzando el suyo contra la estrella de la mañana, atravesándole la cabeza a Tlahuizcalpantecuhtli. En ese momento, el Señor de la Aurora se transforma en el dios de la piedra y de la frialdad, Itztlacoliuhqui, y por esa razón siempre hace frío al amanecer. Los dioses deciden finalmente que deben sacrificarse para conseguir que el sol se mueva. Metódicamente, uno a uno, Quetzalcóatl corta la cabeza de todos los dioses con un cuchillo de sacrificios. Los mantos y adornos de los dioses muertos son envueltos en fardos sagrados, forma en la que son posteriormente adorados por los

La piedra del Calendario Azteca. En el centro aparece la fecha Nahui Ollin, el actual sol de movimiento creado en Teotihuacán. Los nombres calendáricos de las cuatro creaciones previas aparecen dentro de los cuatro resaltes del signo Ollin. Azteca (Museo Nacional de Antropología, Ciudad de México), período Postclásico Tardío.

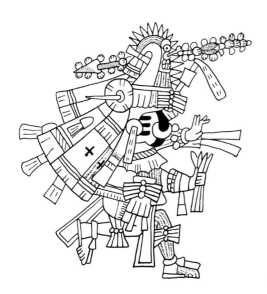

Itztlacoliuhqui con un dardo que le atraviesa la frente. La estrella de la mañana, Señor de la Aurora, se transforma en el dios de la piedra y del frío, después de recibir el dardo que le lanzó el sol. Códice Telleriano-Remensis, f.º 16, período colonial temprano azteca.

hombres. Gracias a la muerte de los dioses en Teotihuacán, es creado el Sol de Movimiento, Nahui Ollin. Del mismo modo que los dioses tuvieron que sacrificarse, así los humanos también tuvieron que ofrecer sus propios corazones y su sangre para asegurarse de que el quinto sol siguiese su curso en movimiento.

Mitología del estado azteca

Seguramente los mitos aztecas sobre los cinco soles y la creación del mundo presente, los hombres, el maíz y el pulque fueron conocidos por la mayor parte de los pobladores del México central postclásico. Gran parte de esta mitología es muy antigua, y probablemente se desarrolló partiendo de primitivas tradiciones del Período Clásico. Por ejemplo, una versión del período Clásico Tardío acerca de la creación de los hombres partiendo de los restos de la última creación está representada en el yacimiento clásico tardío de El Tajín, en Veracruz. En esta repre-

Tlaloc vertiendo su sangre sobre un hombre-pez. Esta escena podría ilustrar una antigua versión de la creación del hombre. Detalle procedente de uno de los cuatro paneles de un bajorrelieve del Juego de Pelota de El Tajín, Veracruz, período Clásico Tardío.

Huitzilopochtli vertiendo sangre de su oreja. Un tocado en forma de colibrí se proyecta desde detrás de su mano derecha. Detalle procedente de la colosal escultura del dios-jaguar. Azteca (Museo Nacional de Antropología, Ciudad de México), período Postclásico Tardío.

sentación, Tlaloc sangra su miembro viril sobre un pez-hombre muerto, clara referencia a la raza de hombres que se convirtió en peces debido al diluvio.

Aunque la mitología sobre la creación del período Postclásico Tardío en la región central de México guarda cierta similitud con las demás mitologías de la Mesoamérica antigua y contemporánea, hay otra epopeya de la creación totalmente azteca, y que fue utilizada esencialmente como mitología estatal por el imperio azteca en vías de desarrollo. Se trata de los orígenes de **Huitzilopochtli**, que en háhuatl significa Colibrí de la izquierda, dios de culto para el pueblo azteca. Como toda la mitología que le rodea, Huitzilopochtli parece ser una innovación completamente azteca. Poseedor de atributos propios de Tezcatlipoca, del dios estelar Mixcoatl y del dios del fuego Xiuhtecuhtli, Huitzilopochtli es una deidad solar cuyo dominio simbólico coincide en gran medida con el de Tonatiuh. Aunque de importancia fundamental para los aztecas, es improbable que Huitzilopochtli gozara de un amplio y entusiástico seguimiento fuera del Valle de México. Por otro lado, las representaciones de este dios son notablemente escasas en el arte de la antigua Mesoamérica.

El nacimiento de Huitzilopochtli

Las crónicas coloniales que describen el origen de Huitzilopochtli son numerosas y variadas; sin embargo, son muchas las versiones en las que el nacimiento de este dios se sitúa en Coatepec, la Montaña Serpiente, colina situada cerca de la antigua ciudad de Tula. Según la *Historia de los mexicanos por sus pinturas*, los aztecas regresaban a Coatepec todos los años para celebrar una fiesta en honor de Huitzilopochtli. Todas las grandes deidades que aparecen en esta epopeya de la creación pertenecen específicamente al pateón azteca, y no las encontramos entre los otros pueblos de la región central de México en el período Postclásico Tardío. La madre de Huitzilopochtli, **Coatlicue**, la Diosa de la Falda de Serpientes, es fácilmente identificable porque su falda está hecha de serpientes entrelazadas. **Coyolxauhqui**, hermanastra de Huitzilopochtli, deriva en parte su nombre de **Chantico**, una diosa del fuego de oscuros orígenes. El nombre de Coyolxauhqui significa Señora de los Cascabeles, y es típicamente representada con un par de sonajas sobre sus mejillas. Suele ir acompañada de una multitud de hermanos conocidos como los **Centzón Huitznahua**, los Cuatrocientos (o innumerables) dioses del Sur, que están relacionados temáticamente con los cuatrocientos dioses del pulque en la mitología azteca. La crónica más completa sobre el nacimiento de Huitzilopochtli en Coatepec aparece en las obras de Sahagún. La siguiente narración está tomada del Libro Tres del Códice Florentino.

Un día mientras hace penitencia y barre en Coatepec, la casta y piadosa Coatlicue descubre una bola de plumas. Deseando conservar las preciosas plumas, Coatlicue las coloca en su seno. Sin embargo, cuando algo más tarde trata de encontrar la bola de plumas, ésta ha desaparecido. Aunque en aquel momento ella no lo sabe, las plumas la habían dejado encinta con la semilla de Huitzilopochtli. Poco a poco Coatlicue va aumentando de peso hasta que sus hijos, los Centzón Huitznahua, descubren su estado.

Coatlique, la de la Falda de Serpientes, madre de Huitzilopochtli. Las serpientes, que representan la sangre, emergen de los cercenados muñones de sus brazos y de su garganta, indicando que ha sido sacrificada. Azteca (Museo Nacional de Antropología, Ciudad de México), período Postclásico Tardío.

Enfurecidos y avergonzados, exigen llenos de rabia que les dé el nombre del padre. La hermana mayor, Coyolxauhqui, decide que deben matar a su madre:

Y su hermana mayor, Coyolxauhqui, les dijo:

«Mis hermanos mayores, ella nos ha deshonrado. Sólo podemos hacer una cosa: matar a nuestra madre, la perversa mujer que ha engendrado a un hijo. ¿Quién es el causante de lo que lleva en su vientre?»

La noticia sobre las intenciones de sus hijos aterroriza a la diosa embarazada, pero el hijo que lleva en su seno consuela a Coatlicue, asegurándole que ya lo sabe todo y está preparado. Ataviados con sus galas de guerreros, los Centzón Huitznahua siguen a Coyolxauhqui hasta Coatepec. Cuando sus furiosos hijos alcanzan la cima de la montaña, Coatlicue da a luz a Huitzilopochtli armado de pies a cabeza. Empuñando su espada de fuego, conocida como Xiuhcoatl o la Serpiente Turquesa, mata a Coyolxauhqui y su cuerpo, cortado en pedazos, cae rodando hasta la falda de Coatepec.

Entonces atravesó a Coyolxauhqui, y después cercenó su cabeza. Y allí se detuvo, al borde de Coatepetl (Coatepec). Y su cuerpo cayó debajo; cayó haciéndose mil pedazos; y en diversos lugares cayó cada parte de su cuerpo: sus brazos, sus piernas, su tronco.

Después de matar a Coyolxauhqui, Huitzilopochtli persigue a los Centzón Huitznahua por todo Coatepec, acabando con un gran número de sus hermanastros, de los cuales sólo unos pocos consiguen escapar hacia el sur.

Eduard Seler sugirió al final del siglo pasado que el nacimiento de Huitzilopochtli en Coatepec representa al sol del amanecer rechazando a los dioses de la oscuridad. Con su serpiente de fuego, Xiuhcoatl, Huitzilopochtli es el sol recién nacido lanzando sus ardientes rayos, y parece bastante claro que los Centzón Huitznahua son las estrellas que cada mañana son vencidas al alba por el sol naciente. Sin embargo, aún se desconoce la verdadera identidad cosmológica de Coyolxauhqui. Aunque Seler indicó que Coyolxauhqui es la luna, sin embargo esta diosa no posee ningún claro atributo lunar, y según Carmen Aguilera, podría representar a otro astro del cielo nocturno: la Vía Láctea.

Además de tener una significación cosmológica, el nacimiento de Huitzilopochtli también simboliza el dominio de los aztecas sobre otros pueblos rivales de la región central de México. Huitzilopochtli fue la personificación sobrenatural tanto del pueblo azteca como de su imperio. El nacimiento de este dios proporcionó a los aztecas la prerrogativa mitológica para su expansión política y el derecho a gobernar sobre sus enemigos vencidos. Aunque prácticamente recién llegados al Valle de México, los aztecas conquistaron y eclipsaron a los habitantes de una región ya ocupada, al igual que Huitzilopochtli derrotó a su hermanastra y hermanastros mayores que él.

El gran Templo Mayor dominaba toda la capital azteca, recordando continuamente a sus ciudadanos la existencia de Huitzilopochtli y de sus orígenes milagrosos. Mientras la parte norte de este doble templo estaba dedicada a Tlaloc, el dios de la lluvia, la mitad sur era el templo principal de Huitzilopochtli. Según las crónicas indígenas y españolas, los guerreros cautivos eran con frecuencia sacrificados en este lugar. Estirados sobre una piedra sagrada, se les sacaba el corazón y sus cuerpos sin vida eran arrojados a los pies de las escalinatas del templo.

*Escenas del Libro Tres del Códice
Florentino. Las ilustraciones
representan el nacimiento de
Huitzilopochtli (arriba) y la
derrota que le infringió a sus
enemigos en Coatepec. Primer
período colonial.*

La piedra de Coyolxauhqui descubierta en la base del lado dedicado a Huitzilopochtli en el Templo Mayor. Azteca (Museo del Templo Mayor, Ciudad de México), período Postclásico Tadío.

Fuentes del siglo XVI también nos cuentan que la parte sur del Templo Mayor simbolizaba la montaña mítica de Coatepec, lugar donde nació Huitzilopochtli.

Una prueba física de gran importancia apareció el 21 de Febrero 1978, cuando las excavaciones realizadas por una compañía de electricidad descubrieron accidentalmente un enorme monumento de piedra a Coyolxauhqui, en lo que fue el antiguo centro de Tenochtitlán. Una impresionante imagen de humillación y derrota, el monumento representa a Coyolxauhqui desnuda y con sus miembros brutalmente amputados. Aunque su cabeza y sus miembros están separados de su sangriento torso, aparece en una postura dinámica y casi en movimiento, como si hubiese sido retratada en el instante en que cayó rodando de Coatepec. Las excavaciones pronto revelaron que la piedra de Coyolxauhqui estaba a los pies de la escalinata del ala dedicada a Huitzilopochtli en el Templo Mayor. En otras palabras, todos los prisioneros sacrificados, arrojados por las escaleras del templo en los rituales aztecas, volvían a representar la muerte de Coyolxauhqui en Coatepec.

Las excavaciones en el Templo Mayor dejaron al descubierto otro monumento de piedra dedicado a Coyolxauhqui. Aunque fragmentaria, esta pieza representa claramente a la serpiente de fuego, Xiuhcoatl, hundiéndose en el pecho de la diosa y probablemente explica los orígenes mitológicos de los sacrificios aztecas en los que se sacaba el corazón a las víctimas. Del mismo modo en que la serpiente Xiuhcoatl atraviesa a Coyolxauhqui, el cuchillo ritual arrancaría el corazón del pecho del cautivo.

Sobre el fondo majestuoso de los eones de las creaciones del mundo y de los cataclismos, el mito de los cinco soles presenta los sacrificios humanos como

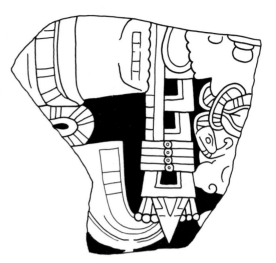

Fragmento del monumento que representa el cuerpo segmentado de la serpiente Xiuhcoatl cuando penetra en el pecho de Coyolxauhqui. Azteca (Museo del Templo Mayor, Ciudad de México), período Postclásico Tardío.

un medio esencial para el mantenimiento de la vida humana y del equilibrio cósmico. Con la ofrenda penitencial de su propia sangre, los dioses crearon a los actuales hombres. Un sacrificio aún mayor tuvo lugar en Teotihuacán, donde los dioses se autoinmolaron para que el sol pudiera seguir su curso. Al verter su sangre y sacrificarse, los humanos simplemente están siguiendo una tradición establecida por los dioses en el momento de la creación. Aunque el mito de los cinco soles proporciona una base racional a algunos de los ritos más importantes y profundos del México central postclásico, esto no bastaba a los aztecas, interesados no sólo en explicar sus orígenes y su función en el cosmos, sino también en avalar su estatus único como pueblo elegido. Por esta razón, los aztecas desarrollaron su propia mitología especial para su dios protector, Huitzilopochtli, en cuyos orígenes el arte de la guerra es un explícito *leitmotiv*. El descalabro y la brutal derrota impuestos por Huitzilopochtli a Coyolxauhqui y a los Centzón Huitznahua representa en la mitología sagrada las victorias de los aztecas sobre sus enemigos, proporcionando una prerrogativa mítica a los sacrificios humanos, sacrificios en los que se sacaba el corazón a las víctimas y que tuvieron lugar en un número extraordinario en el Templo Mayor.

Al igual que el episodio de los cinco soles, la derrota de Coyolxauhqui y sus hermanos describe los orígenes del sol y de los sacrificios humanos. Sin embargo, la mitología imperial azteca no incluye al dios sol Tonatiuh, sino más bien a un dios que sólo está relacionado con el sol, como es el caso de Huitzilopochtli. Los episodios del quinto sol y de Huitzilopochtli se superponen y probablemente son mitos que rivalizaban entre sí. Si no hubiera sido por la conquista de los españoles, es bastante probable que el mito de Huitzilopochtli hubiera acabado eclipsando al mito solar de Teotihuacán –del mismo modo que los aztecas estaban aumentando su dominio sobre los otros pueblos de la antigua Mesoamérica.❑

Mitología Maya

En la época de la llegada de los españoles, los mayas no eran un solo pueblo unificado, ni política ni culturalmente. En el siglo XVI existían más de treinta lenguas mayas distintas, la mayoría de las cuales aún se hablan hoy en día. Estas lenguas pueden parecerse entre sí como el español se parece al portugués, aunque las diferencias también pueden ser mucho más grandes, como ocurre por ejemplo entre el inglés y el francés. Junto a las diferencias lingüísticas, existen otras diferencias culturales entre los grupos mayas yucatecos de las tierras bajas mayas del norte y pueblos mayas de las tierras altas como los tzotziles, tojolabales, mames, quichés, kekchies y chortis, que ocuparon la espectacular región montañosa de Chiapas, el sur de Guatemala y la vecina Honduras.

En el siglo XVI existían también notables diferencias de calendarios y religión entre los grupos mayas de las tierras bajas de Yucatán y los de las tierras altas del sur. Aunque una versión abreviada del calendario maya clásico de Cuenta Larga siguió jugando un papel esencial en el ritual, la mitología y la historia de la Península de Yucatán, este sistema dejó de ser utilizado por los pueblos postclásicos de las tierras altas mayas. Aunque muy extendido en el Yucatán postclásico y colonial, el concepto de los árboles, colores y otras características orientadas hacia las cuatro direcciones del mundo estaba muy poco desarrollado entre los mayas de las tierras altas. Por otro lado, muchos de los dioses del siglo XVI adorados por los quichés y otros grupos mayas de las tierras altas no son fácilmente identificables en la escritura y el arte de Yucatán en los períodos Postclásico y colonial.

Además de poseer unas costumbres y una lengua distintas, los mayas del período Postclásico eran también políticamente distintos entre sí. En la época de la conquista española no existía un solo imperio, como en el caso de los aztecas, sino que había muchos estados mayas rivales. Aunque los quichés y cakchiqueles, estados vecinos, hablaban lenguas muy similares, eran enemigos acérrimos, y durante la conquista de las tierras altas de Guatemala llevada a cabo por Pedro de Alvarado en 1524, los cakchiqueles se aliaron con los españoles contra los quichés. Incluso la región de Yucatán, culturalmente homogénea, estaba dividida en un complejo mosaico de ciudades-estado y provincias rivales en el momento en que comenzó la llegada de los españoles y la resistencia unificada generalizada contra la dominación extranjera no se produjo hasta que los diversos grupos fueron subsumidos bajo el dominio colonial español.

A pesar de esta diversidad regional, los distintos grupos mayas postclásicos compartían muchos rasgos religiosos. Algunos elementos comunes parecen ser introducciones relativamente recientes procedentes de la región central del

México postclásico, que tuvo unos estrechos lazos políticos y económicos con la región maya. Un ejemplo de ello es el dios centromexicano Quetzalcóatl, la serpiente emplumada, que fue conocido por el nombre yucateca de Kukulkán, y con el nombre de Gucumatz por los mayas quichés y cakchiqueles de las tierras altas. Aunque de considerable importancia en la mitología y leyendas mayas postclásicas, este dios está prácticamente ausente de la escritura y el arte mayas del período Clásico Temprano. Otra probable introducción postclásica es el legendario lugar occidental donde se sitúa el origen de esta civilización, conocido como Zuyua por los mayas yucatecos y como Tulán Zuiva por los cakchiqueles y quichés. Evidentemente este término maya de las tierras altas vincula dicho lugar con la Tollan de los toltecas, que ahora sabemos no era otra que Tula, la capital del estado de Hidalgo en el período Postclásico Temprano.

Aunque ciertos rasgos específicos hallados entre los pueblos mayas de las tierras bajas y las tierras altas son introducciones postclásicas comparativamente recientes procedentes de las tierras altas de México, la mayor parte de los elementos religiosos compartidos por estos pueblos deriva de un nivel más profundo de la cultura maya y aparece en la escritura y el arte de las tierras bajas mayas del período Clásico Temprano. Ahora se sabe que los sacrificios humanos –que con frecuencia se ha dicho tenían su origen en el México central postclásico– fueron practicados con profusión por los mayas del período Clásico. Otra forma común de sacrificio realizada durante el período Postclásico por los mayas, el derramamiento penitencial de sangre de la lengua, del pene y de otras partes del cuerpo, es reconocida ahora como uno de los temas rituales más frecuentemente hallados en los textos y el arte monumental mayas clásicos. Además de estas ceremonias, muchos otros dioses y mitos de la cultura maya postclásica proceden de antiguas tradiciones clásicas. La inmensa mayoría de las grandes deidades mayas conocidas a través de los códices postclásicos de Yucatán, unas quince en total, eran ya veneradas por los mayas del período Clásico.

Probablemente la deidad de mayor importancia entre los mayas antiguos era **Itzamná**, un viejo y apergaminado dios creador similar al dios Tonacatecuhtli en la región central de México. Las representaciones de Itzamná estaban ampliamente extendidas tanto en el arte maya clásico como en el postclásico. Su mujer parece haber sido **Ix Chel**, una anciana diosa identificada con los oficios de comadrona y curandera. Al igual que Tlaloc, su equivalente en la región central

El viejo dios creador, Itzamná, frente a un árbol cuyo tronco es un caimán. Detalle procedente de una vasija maya del período Clásico Tardío.

Chac pescando con una red.
Estela I de Izapa,
período Protoclásico Maya.

de México, el dios maya de la lluvia y el rayo, **Chac**, es uno de los dioses que durante más tiempo y más continuadamente han sido venerados en Mesoamérica. Conocido por primera vez en el arte maya Protoclásico en una fecha que se remonta aproximadamente al siglo I a.C., Chac es aún invocado en la mitología y las plegarias de los pueblos mayas modernos. El antiguo Chac empuña serpientes y hachas, símbolos de su poder sobre los truenos y rayos.

Otra gran deidad entre los mayas clásicos y postclásicos fue el dios del maíz. Sorprendentemente, su nombre postclásico continúa siendo desconocido, pero hay indicios de que una de las formas clásicas importantes tenía el nombre de Hun Nal.

Tanto en su forma como en su simbolismo, el antiguo dios maya de la muerte era muy similar al dios Mictlantecuhtli de México central. Uno de los nombres mayas modernos y postclásicos utilizados para esta deidad representada por un esqueleto es **Cizin**, que significa «el flatulento», aunque también era conocido como **Yum Cimih**, o Señor de la Muerte. El nombre de este antiguo dios del sol era **Kinich Ahau**, «verdadero rostro del sol», un ser poderoso identificado con el jaguar. Parece ser que este dios se transformaba en un jaguar durante sus correrías nocturnas por el mundo de la Ultratumba.

El texto de principios del período colonial llamado *Popol Vuh* es probablemente el ejemplo más sorprendente de la continuidad religiosa maya desde el período Clásico hasta el siglo XVI. Estudios recientes indican que la mayor parte de la mitología de la creación descrita en el *Popol Vuh* quiché, especialmente los episodios que tratan de los héroes gemelos y del padre de éstos, ya eran conocidos por los mayas del período Clásico. Además, hay ciertas partes de esta sección que se pueden remontar a una época incluso muy anterior, al yacimiento Protoclásico de Izapa. Tal como se sabe hoy en día, las escenas clásicas y protoclásicas pertenecientes al *Popol Vuh* constituyen la mitología más antigua y mejor documentada del Nuevo Mundo.

El *Popol Vuh:* orígenes primordiales

La primera parte del *Popol Vuh* describe apasionadamente cómo el mundo y sus habitantes fueron creados a partir del mar y el cielo primigenios. Al igual que en el mito azteca de los cinco soles, hay múltiples creaciones y destrucciones, cada una de ellas asociada a una determinada raza de hombres. Aquí, sin embargo, las creaciones humanas se forman y se destruyen por una razón específica. Según el *Popol Vuh*, los hombres son creados para proporcionar alimento a los dioses en forma de plegarias y sacrificios. El concepto de alimento es tomado casi literalmente en el *Popol Vuh*, y en un momento dado se describe el acto de la creación como si se tratara de la medición de un campo de maíz de cuatro lados con una cuerda:

> Los cuatro lados, las cuatro esquinas,
> midiendo, los cuatro postes,
> dividiendo la cuerda, estirando la cuerda
> en el firmamento, en la tierra,
> los cuatro lados, las cuatro esquinas.

Son los hombres del maíz, el producto de este campo de maíz cósmico, quienes finalmente proporcionan sustento a los dioses.

Aunque realmente esta primera sección del *Popol Vuh* aparece muy poco representada en la escritura y el arte de los mayas clásicos, probablemente esto se deba al hecho de que en ella se suele tratar de abstracciones cósmicas generales más que de episodios mitológicos fácilmente identificables. Los yucatecos coloniales también concibieron la tierra como un campo de maíz de cuatro lados. Muchos de los elementos descritos en esta sección inicial del *Popol Vuh*, como las creaciones múltiples y la oposición dualista del cielo y la tierra, se encuentran probablemente entre los rasgos básicos y más antiguos de la religión mesoamericana. La epopeya de la creación que se ofrece en el *Popol Vuh* comienza con la vasta y silenciosa expansión del mar y del cielo antes de la creación de la tierra:

> Aún no existe ni una persona, ni un animal, pájaro, pez, cangrejo, árbol, roca, hoyo, cañón, pradera, bosque. Sólo el firmamento en su soledad existe; la faz de la tierra no está definida. Sólo los mares en su soledad se reúnen bajo todos los cielos; no hay nada en absoluto que hermanar. Todo está en reposo; ni una sola cosa se mueve. Todo está detenido, inmóvil bajo el cielo.

Enroscada dentro del agua, rodeada de relucientes plumas verdes y azules, descansa la serpiente emplumada Gucumatz. Arriba en el firmamento está el Corazón del Cielo quien, con su otro nombre de Huracán, aparece como las tres manifestaciones del rayo. En el silencio inmóvil, el Corazón del Cielo y Gucumatz comienzan a hablar el uno con el otro, discutiendo sobre la creación, el pri-

La deidad del rayo, el Dios K ó Kauil, una posible manifestación de Huracán. Detalle de una vasija maya del período Clásico Tardío.

mer amanecer y la creación de los hombres y de su sustento. Con sus solas palabras, las montañas y la tierra nacen mágicamente de las aguas, y los bosques de cipreses y pinos cubren instantáneamente el paisaje.

Con el fin de que la tierra recién hecha fuera habitada, los creadores dieron vida a los pájaros, ciervos, jaguares, serpientes –todas las criaturas de las montañas boscosas. Tras darles un lugar donde cobijarse, los creadores pidieron a los animales que los alabaran y los nombraran en sus oraciones. Pero los animales no tienen el don de la palabra:

Sólo graznaban, sólo chillaban, sólo aullaban. No estaba claro qué lengua hablaban, cada uno daba un grito diferente.

Dado que los animales no pueden hablar con propiedad ni venerar a los dioses, los creadores decidieron no darles dominio sobre la tierra, sino que en cambio habrían de permanecer en estado salvaje para servir de alimento a los hombres que *sí* venerarían y sustentarían a los dioses.

Por segunda vez, los creadores intentaron dar vida a los hombres, y modelaron uno de barro. Pero aunque éste sí habla, sus palabras no tienen sentido y su cuerpo es débil y está pobremente conformado, y pronto comienza a deshacerse y disolverse. Al comprender que no puede sobrevivir ni multiplicarse, los dioses rompen la imagen, y nuevamente comienzan a elaborar otra forma humana.

Tras dos intentos fallidos, el Corazón del Cielo y Gucumatz consultan con la vieja pareja de adivinos, Xpiyacoc y Xmucané. Utilizando granos de maíz y semillas rojas, los adivinos echan suertes mientras cuentan los días del calendario sagrado. Adivinan que los hombres han de ser hechos de madera y, después de oír esto los creadores, dicen: «así será»; e instantáneamente el mundo es poblado por un raza de hombres de madera. Mientras que los varones están hechos de madera, las mujeres están hechas de juncos. Aunque parecen personas y hablan y se multiplican como personas, son seres secos, sin sangre, de rostros inexpresivos. Los hombres de madera carecen de alma y entendimiento, no respetan ni veneran a sus creadores. Los dioses llegan a la conclusión de que deben ser humillados y destruidos, y así provocan un gran diluvio. Una lluvia de resina cae del cielo, y feroces demonios destrozan con saña a los hombres de madera. Incluso sus utensilios y animales se levantan contra ellos:

En sus casas penetraron los animales, pequeños y grandes.
Sus rostros fueron aplastados por objetos de madera y piedra.
Todas las cosas se hicieron oír: sus jarras de agua, sus sartenes, sus platos, sus cazuelas, sus perros, sus piedras de moler, todas y cada una de las cosas aplastaron sus rostros.

Los hombres de madera intentan huir pero no hay refugio –son empujados y exterminados vayan donde vayan. Los descendientes de la raza de los seres de madera son los monos de la selva, dejados como una señal (o tal vez una advertencia) de esta antigua e irreflexiva creación.

Tras el diluvio y la destrucción de la civilización de los hombres de madera, la tierra de nuevo se halla desprovista de humanos. Aún carecen los dioses de seres que los mantengan con sus oraciones y ofrendas. Los auténticos humanos no pueden ser creados hasta que los héroes gemelos no libren al mundo de los demonios y obtengan el material del que se hace la carne humana.

Los héroes gemelos y la derrota de Xibalbá

La segunda gran sección del *Popol Vuh* trata de las actividades de los dos pares de gemelos relacionados entre sí. Los primeros gemelos, nacidos de los adivinos Xpiyacoc e Xmucané, toman sus nombres de las fechas del calendario: **Hun Hunahpú** (Uno Hunahpú) y **Vucub Hunahpú** (Siete Hunahpú). Hun Hunahpú tiene un par de hijos llamados **Hun Batz** y **Hun Chouen**, a quienes su padre y su tío forman como grandes artistas y músicos. **Xquic**, a quien deja embarazada Hun Hunahpú, da a luz a otro par de gemelos, **Xbalanqué** y **Hunahpú**, los grandes héroes gemelos que matan al pájaro gigante **Vucub Caquix**. Pero su victoria más espectacular es la que obtienen sobre los dioses de la muerte y los demonios de Xibalbá, el aterrador reino de Inframundo.

Hun Hunahpú y Vucub Hunahpú son grandes jugadores a quienes encanta tirar los dados y jugar a la pelota en su cancha de mampostería junto a los hijos de Hun Hunahpú, Hun Batz y Hun Chouen. Aunque está en la tierra, este juego de pelota se encuentra también en el sendero que conduce al tenebroso reino del infierno de Xibalbá. Los principales señores de Xibalbá, Hun Came y Vucub Came (Uno Muerte y Siete Muerte), acaban enfureciéndose debido al tremendo ruido causado por el juego de pelota que se desarrolla sobre ellos y reúnen a todos los dioses y demonios de la muerte y de la enfermedad para decidir cómo derrotar y matar a los gemelos. Envían como mensajeras a la superficie a cuatro lechuzas para que inviten a Hun Hunahpú y Vucub Hunahpú a jugar con ellos a la pelota en Xibalbá. Aunque la madre de éstos, Xmucané, intenta persuadirlos de que no vayan, los dos aceptan seguir a las lechuzas hasta el terrible Inframundo.

El camino hasta Xibalbá es largo y peligroso, y los gemelos han de pasar por una serie de obstáculos entre los que se hallan violentos rápidos, púas espinosas, y un río de sangre. Todos ellos son superados con éxito hasta que llegan a un cruce de caminos con cuatro senderos de diferente color. Ellos eligen erróneamente el sendero negro, que supone el comienzo de su perdición. Cuando llegan a Xibalbá saludan a los señores del infierno, pero en realidad sólo son muñecos de madera vestidos como los dioses de la muerte. Los habitantes de Xibalbá se ríen a carcajadas, seguros ya de su victoria. Invitan a Hun Hunahpú y Vucub Hunahpú a sentarse en un banco, que en realidad no es un asiento ordinario, sino un bloque de piedra al rojo vivo:

Así pues ahora se quemaron al sentarse en el banco; de hecho dieron saltos sobre el banco, pero no sintieron alivio. De verdad que se levantaron rápidamente, puesto que se habían quemado el trasero. Al ver esto los moradores de Xibalbá volvieron a reírse, comenzaron a reírse a grandes carcajadas.

Como prueba final, los señores de Xibalbá entregan a los gemelos cigarros y antorchas que deben permanecer encendidas, pero también intactas toda la noche mientras estén en la Casa de la Oscuridad. Al amanecer, los dioses de la muerte comprueban que los gemelos no han logrado cumplir esta tarea imposible: los cigarros y las antorchas se han consumido.

Engañados y vencidos por los señores de Xibalbá, los gemelos son sacrificados y enterrados en el juego de pelota del Inframundo. En señal de su victoria, los dioses de la Ultratumba colocan la cabeza de Hun Hunahpú en un árbol seco. Al instante, el árbol aparece cargado de calabazas, y la cabeza se convierte en uno de sus numerosos frutos redondos. La doncella del Inframundo Xquic oye hablar del milagroso árbol de las calabazas, y va a verlo por sí misma. La joven se pregunta en voz alta si podría coger uno de los frutos. La cabeza de Hun Hunahpú oye a Xquic y le dice que los frutos no son sino calaveras. A pesar de ello, la doncella pide probar el fruto. Escupiendo en su mano, la calavera fecunda a Xquic y le cuenta cual es su verdadera naturaleza:

Es una señal que te he dado, mi saliva, mi baba. Esta, mi cabeza, no tiene nada dentro –sólo huesos, no tiene carne. Es como la cabeza de un gran señor: es sólo la carne lo que hace que su rostro parezca bello. Y cuando muere, la gente se asusta de sus huesos. Después de eso, su hijo es como su saliva, su baba, es su ser, ya sea el hijo de un señor o el hijo de un artesano y orador. El padre no desaparece, sino que continúa realizándose en él.

Finalmente el padre de Xquic descubre su estado y exige conocer la identidad del padre. Aunque Xquic niega con firmeza el haber conocido a hombre alguno, es inútil, y su padre decide acabar con su vida. Entonces las lechuzas mensajeras se llevan a la doncella para sacrificarla, pero ella las convence de que la perdonen. Y en lugar de su corazón sangriento, llevan a su regreso una viscosa masa de resina, la sangre de los árboles. Al quemar el incienso de resina, los señores de la muerte son hechizados por el olor, y no son conscientes de que las lechuzas conducen a Xquic hasta la superficie de la tierra. De este modo, los señores de Xibalbá son engañados y derrotados por la doncella.

Cuando llega a la casa de Xmucané, la madre de los dos gemelos sacrificados, Xquic se presenta como su nuera, la esposa de Hun Hunahpú. Pero Xmucané, segura de que sus hijos están muertos, no quiere saber nada de la doncella encinta. No obstante, como prueba, envía a Xquic a que recoja una bolsa de maíz del campo de Hun Batz y Hun Chouen. Aunque en ese campo

Dios de la muerte jugador de pelota. Figurilla de cerámica. Estilo de la isla de Jaina. Cultura maya, período Clásico Tardío.

sólo hay una planta de maíz, Xquic regresa con una gran cantidad de granos y, con ello, demuestra que es la esposa de Hun Hunahpú.

Xquic da a luz a los héroes gemelos Hunahpú y Xbalanqué. Aunque son los hijos de Hun Hunahpú, los gemelos no son bien recibidos por Xmucané, su abuela, ni por Hun Batz y Hun Chouen, que están celosos de sus jóvenes hermanastros. Mientras los hermanos mayores danzan, componen bella música y crean un arte exquisito, Hunahpú e Xbalanqué vagan por el bosque, cazando animales con sus cerbatanas. Los malcriados hermanos mayores les arrebatan todo lo que cazan y les dejan sólo trozos de huesos y ternillas. Un día los gemelos regresan sin nada, y les dicen a sus hermanos que los pájaros cazados por ellos han quedado atrapados en lo alto de un árbol. Hun Batz y Hun Chouen aceptan trepar al árbol pero a medida que van subiendo, el tronco se estira y crece hasta una gran altura. Los aterrorizados hermanos mayores llaman a Xbalanqué y Hunahpú para que les ayuden, y éstos les dicen: «Desatad vuestros taparrabos, atadlos alrededor de vuestras cinturas, dejando que el extremo más largo os cuelgue por detrás como una cola, y así podreis moveros mejor.» Después de hacer lo que les habían dicho, Hun Batz y Hun Chouen se convierten en monos de la selva, siendo burlados así por sus hermanos menores Xbalanqué y Hunahpú. Pero en lugar de ser olvidados, estos dos monos se convierten en patronos de artistas, bailarines y músicos.

El mosquito, aliado de los héroes gemelos. Detalle de una vasija maya del período Clásico Tardío.

Después del diluvio, un ejército de seres monstruosos habitan la faz de la tierra. El más grande de estos gigantes es Vucub Caquix, Siete Guacamayo, vanidoso pájaro que se autoproclama sol y luna, señor de todo. Encolerizados por esta pérfida jactancia, Hunahpú e Xbalanqué deciden matar al pájaro gigante. Ocultos bajo el árbol frutal favorito del monstruo, los gemelos esperan con sus cerbatanas, y cuando Vucub Caquix aparece, Hunahpú le dispara en el rostro. Herido y enfurecido, el pájaro arranca el brazo de Hunahpú y escapa con su trofeo. Los gemelos consiguen que un par de ancianos se hagan pasar por curanderos y visiten a Vucub Caquix ofreciéndose para curar sus doloridos ojos y dientes. La pareja de ancianos le dicen al pájaro gigante que tienen que sustituir sus dientes y ojos, pero en lugar de los ojos le colocan granos de maíz. Una vez que Vucub Caquix pierde sus ojos y dientes, también pierde su gloria y su poder, y muere rápida-

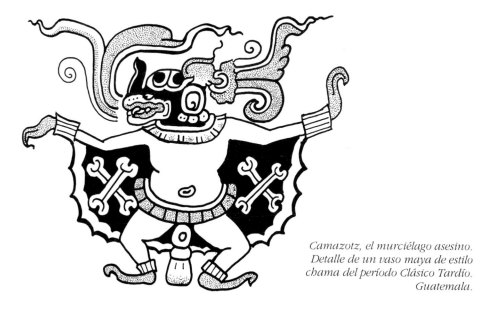

Camazotz, el murciélago asesino. Detalle de un vaso maya de estilo chama del período Clásico Tardío. Guatemala.

mente. Poniendo el brazo amputado de Hunahpú contra el muñón, los ancianos curan la herida de tal forma que el brazo queda completamente sano.

Al igual que su padre y su tío, los héroes gemelos aprenden a jugar a la pelota en la cancha. Los señores de Xibalbá nuevamente se enfurecen debido al incesante golpear de la pelota sobre sus cabezas y envían a sus lechuzas para hacer que los gemelos acudan al Inframundo. En su descenso a Xibalbá, Hunahpú e Xbalanqué pasan con éxito ríos de pus y sangre y otros obstáculos mortales hasta que llegan al cruce de caminos. En este punto Hunahpú se arranca un pelo de una de sus piernas y con él crea un mosquito para que se adelante y espíe y pique a los señores del Inframundo. El insecto ataca primero a las entronizadas imágenes de madera, pero posteriormente encuentra a los auténticos señores, que al ser picados gritan los nombres de los demás. De este modo, los gemelos acaban conociendo los nombres de todos los señores del Inframundo.

Cuando Xbalanqué y Hunahpú llegan al palacio de los señores del Inframundo hacen caso omiso de las estatuas de madera y del asiento al rojo vivo y saludan a todos los dioses de la muerte utilizando sus nombres correctamente. Entonces, los asombrados señores de Xibalbá los mandan ir con cigarros y antorchas a la Casa de la Oscuridad. Los gemelos, con gran inteligencia, colocan plumas roja de guacamayo en las antorchas y luciérnagas en los cigarros para hacerles creer que están ardiendo. Al amanecer, las intactas teas y cigarros están como nuevas. Los gemelos, entonces, juegan a la pelota contra los dioses de la muerte, permitiendo que éstos ganen al final. Esa noche tienen que enfrentarse con otra serie de pruebas, pero gracias a su astucia pasan a salvo por la Casa de los Cuchillos, la Casa del Frío, la Casa de los Jaguares y la Casa del Fuego. Finalmente, son enviados a la Casa de los Murciélagos, una habitación llena de feroces murciélagos cuyas narices son como cuchillos. Para protegerse los gemelos se ocultan dentro de sus cerbatanas huecas, pero Hunahpú se asoma para ver si está amaneciendo, y en ese momento el murciélago asesino Camazotz le arranca la cabeza. Entonces, la cabeza de Hunahpú es llevada hasta el juego de pelota para regocijo de todos los dioses y demonios de la muerte, puesto que ahora su victoria sobre los gemelos parece totalmente asegurada.

Sin embargo, en las horas próximas al amanecer, Xbalanqué llama a todos los animales para que le traigan los diversos alimentos que utilizan para su sustento. Algunas criaturas presentan cosas putrefactas, otros ofrecen hojas y hierbas. Finalmente, el coati (animal parecido al mapache) llega con un gran calabacín, y Xbalanqué lo coloca sobre el cuello degollado de Hunahpú como si fuera una nueva cabeza. Mágicamente, el calabacín adopta la forma y los rasgos de Hunahpú, y puede ver y hablar. Cuando amanece, los gemelos aparecen juntos en la cancha de pelota del Inframundo como si nada hubiese pasado.

Los dioses de la muerte comienzan el juego arrojando la auténtica cabeza de Hunahpú para que sirva de nueva pelota. Xbalanqué golpea la cabeza tan fuerte que la hace salir de la cancha, haciéndola llegar hasta los bosques. Un conejo, al que previamente se le ha dicho que espere entre los árboles, sale dando brincos inmediatamente, desconcertando a los dioses de la muerte que lo confunden con la pelota. Mientras su atención es así distraída, Xbalanqué recupera la auténtica cabeza de Hunahpú y la vuelve a colocar sobre su cuerpo. Cuando los dioses de la muerte regresan, los gemelos arrojan el calabacín a la cancha de pelota:

El calabacín fue golpeado a volea por Xbalanqué, el calabacín estaba desgastado; cayó en la cancha, dejando al descubierto frente a ellos, tan claro como la luz del día, sus semillas de color dorado.

De esta manera, los confusos y sorprendidos dioses de la muerte son verdaderamente burlados en el patio de los sacrificios del Inframundo.

Aunque Xbalanqué y Hunahpú salen victoriosos, saben que los dioses de la muerte no descansarán hasta acabar con ellos. Los señores de Xibalbá construyen una enorme fosa de fuego e invitan a los gemelos a saltar sobre ella. Aun sabiendo que los dioses de la muerte sólo desean su perdición, los gemelos saltan valientemente a la fosa y perecen en ella. Después, los dioses de Xibalbá trituran sus huesos carbonizados y los arrojan al río. Pero los huesos no son arrastrados por la corriente, sino que por el contrario se depositan en el fondo, y al cabo de los cinco días los gemelos reaparecen convertidos en hombres-peces. Al día siguiente regresan a Xibalbá disfrazados con harapos como si fueran pobres cómicos ambulantes. Al oír hablar de sus danzas maravillosas, los señores de Xibalbá les mandan actuar en su palacio. Tras contemplar numerosas danzas, los dioses piden a los gemelos que sacrifiquen a un perro y después lo resuciten. Ellos lo hacen, y después sacrifican a un hombre y también lo vuelven a la vida. Xbalanqué posteriormente decapita a Hunahpú y le saca el corazón, para después hacer que vuelva a su ser. Los principales dioses de la muerte, Hun Came y Vucub Came, están entusiasmados y extasiados ante esta danza milagrosa y, en el colmo de su entusiasmo, piden ser sacrificados. Los gemelos matan a uno de ellos, pero lo dejan muerto y sin vida.

Tan pronto como hubieron matado a uno de los señores sin devolverlo a la vida, el otro señor se volvió sumiso y comenzó a sollozar delante de los bailarines. Ya no daba su consentimiento, ya no lo aceptaba:
«¡Tened piedad de mí!», dijo cuando lo comprendió. Todos sus vasallos tomaron el camino hacia el gran cañón, y todos en masa llenaron el profundo abismo.

Así pues, por medio del engaño y la astucia, los gemelos derrotaron completamente al reino del mal de Xibalbá. Presentándose ante sus derrotados moradores, les revelan sus auténticas identidades y amenazan con acabar con todos ellos. Los habitantes de Xibalbá les imploran clemencia y les dicen el lugar donde su padre y su tío están enterrados. Los gemelos entonces deciden perdonar a las gentes de Xibalbá, pero les dicen que nunca más serán poderosos:

Escuchad todos, vosotros habitantes de Xibalbá: porque por esta razón, vuestros días y vuestros descendientes no serán grandes. Además, los bienes que habéis recibido ya no serán grandes, sino que serán reducidos a nudosos nódulos de savia. Sin lugar a dudas no habrá para vosotros sangre reseca, sólo planchas de metal, sólo calabazas, sólo pequeñas cosas destrozadas.

El dios maya del maíz. Escultura de piedra (Museum of Mankind, Londres) procedente del Templo 22, Copán (Honduras), período Clásico Tardío.

Después de esto, los gemelos recuperan y hablan con los restos de su padre y su tío, asegurándoles que continuarán siendo respetados y venerados. Luego, Xbalanqué y Hunahpú se elevan a los cielos, donde se convierten en el sol y la luna.

El orígen del maíz y del hombre

Aunque los monstruosos dioses y demonios de la tierra y del Inframundo habían sido destruidos, aún no había hombres que sirvieran de alimento a los dioses. En la oscuridad previa al amanecer, Gucumatz y el Corazón del Cielo pidieron a la zorra, al coyote, al papagayo y al cuervo que trajeran maíz amarillo y blanco de Paxil y Cayala, una montaña llena de semillas y frutos. La vieja Xmucané muele el maíz y, de la harina, los primeros cuatro hombres son elaborados. A diferencia de la anterior civilización de madera, estos hombres del maíz poseen un gran conocimiento y entendimiento y saben dar las gracias como es debido a sus creadores. No obstante, Gucumatz y el Corazón del Cielo están preocupados; estos hombres del maíz pueden ver en todas direcciones –a través de la tierra y del cielo hasta los límites del universo. Los creadores comprenden que estos hombres se parecen demasiado a ellos mismos, y que sus poderes deben ser disminuidos. Como si exhalaran con su aliento una neblina sobre un espejo, los dioses enturbiaron la visión de los primeros hombres para que sólo pudieran ver con claridad aquello que estaba cerca. En lugar de la omnisciencia, los creadores otorgaron a los primeros hombres la felicidad al darles cuatro bellas esposas como compañeras. Con estas cuatro mujeres comienzan los primeros linajes de los quichés.

En la oscuridad, las primeras tribus del mundo viajan a Tulán Zuiva, el lugar de las Siete Cuevas y de los Siete Cañones. Allí reciben sus distintos dioses, incluyendo a Tohil, dios protector de los quichés y origen del fuego. Cuando los diferentes pueblos parten por fin de Tulán con sus dioses, ya no hablan una única lengua, sino muchas. En las oscuras horas anteriores al crepúsculo, cada grupo de hombres sale en una dirección distinta, dirigiéndose los quichés hacia el oeste. Mientras ayunan y buscan el amanecer, los quichés vuelven la vista hacia el este, la región de Tulán Zuiva. Finalmente, los quichés llegan al Monte Hacauitz, donde contemplan el amanecer. Cuando aparece la estrella de la mañana, llenos de júbilo ofrecen incienso al este, y poco después el sol aparece:

El sol era como una persona cuando se reveló. Su rostro era caliente, así que secó la faz de la tierra. Antes de que el sol saliera todo estaba empapado, y la faz de la tierra estaba cubierta de lodo antes de que el sol apareciera. Y cuando el sol se hubo levantado a tan corta distancia era como una persona, y su calor no se podía soportar.

En ese momento, los dioses quichés se convierten en piedra, junto con las imágenes de poderosos animales tales como el puma, el jaguar y la serpiente de cascabel. Y así, desde aquel primer amanecer, es como han sido vistas siempre estas imágenes.

La epopeya de la creación del *Popol Vuh* en la religión maya clásica

Muchos de los personajes y hechos mencionados en la sección del *Popol Vuh* que describe a los héroes gemelos pueden, también, ser profusamente hallados en la mitología maya clásica, unos 700 años antes de que el manuscrito del siglo XVI fuese escrito. Las vasijas de cerámica exquisitamente pintadas o talladas constituyen la fuente clásica más valiosa en relación con el *Popol Vuh*. La mayoría de las vasijas clásicas conocidas proceden de las selvas de las tierras bajas del Petén en Guatemala, centro del área maya clásica. Mientras que los monumentos de piedra mayas del período Clásico tienden a centrarse en la historia de individuos con escenas de engrandecimientos personales, las escenas de las vasijas están llenas de alusiones a acontecimientos mitológicos. Aunque muchos de los episodios mitológicos que aparecen en la cerámica maya clásica pueden estar relacionados con el *Popol Vuh*, también aparecen representados sucesos que no son mencionados en este texto colonial quiché. Estos episodios clásicos a veces proporcionan nuevas interpretaciones de los significados básicos subyacentes en el *Popol Vuh*.

En el período Clásico el equivalente a Hun Hunahpú, padre de los héroes gemelos, es la figura del dios del maíz. En sus representaciones esta deidad aparece con una frente lisa y alargada, frecuentemente acentuada por zonas rasuradas que están delimitadas por mechones de cabello sobre su cejas y sobre su cabeza. Esta cabeza alargada y rasurada se asemeja a una espiga de maíz

Cabeza del dios del maíz colocada en un árbol de cacao. En la parte superior derecha se puede ver una segunda cabeza humana, transformada parcialmente en una vaina de cacao. Detalle de un vaso maya del período Clásico Tardío (Museo Popol Vuh, Ciudad de Guatemala).

madura, y el mechón de cabello que la corona representa la seda que suele ir al final de la mazorca. La separación de la espiga de su tallo durante la cosecha representa la decapitación de este dios, el mismo destino impuesto también a Hun Hunahpú. En un vaso del período Clásico Tardío la cabeza del dios del maíz aparece sobre un árbol de cacao; entre las vainas de cacao por encima de la cabeza del dios, se puede percibir una cabeza humana parcialmente transformada en un fruto de cacao. Esta escena representa claramente una versión del episodio del *Popol Vuh* en el que la cabeza degollada de Hun Hunahpú es colocada en un árbol, aunque en este caso la cabeza se ha convertido en una vaina de cacao en lugar de en una calabaza.

Los episodios ilustrados por la figura de Hun Hunahpú en el período Clásico son mucho más detallados y complejos que los contenidos en el *Popol Vuh,* pertenecientes ya al primer período colonial. En muchos casos, Hun Hunahpú es representado con cuerpos de aguas estancadas; esto probablemente sea una referencia a Xibalbá, ya que los antiguos mayas creían que el inframundo era un lugar acuoso. En un importante episodio aparece en el agua mientras está siendo vestido con sus mejores galas por un grupo de núbiles doncellas. A veces se ha querido ver en esta escena matices eróticos, aunque se desconoce si estas hermosas mujeres son sus esposas. Las mujeres parecen estar vistiéndolo para un viaje, y en un episodio similar está siendo transportado en una canoa de remos. Aunque éste podría ser un viaje hacia la muerte, es probable que también haga referencia a su posterior resurrección.

En el período Clásico, la figura de Hun Hunahpú es con frecuencia representada como un bailarín y artista. Sin embargo, tal como vemos en el *Popol Vuh*, no es Hun Hunahpú sino que son sus hijos, Hun Batz y Hun Chouen, los dioses protectores de los escribas en el período Clásico. En la iconografía clásica, Hun Batz y Hun Chouen son generalmente representados como monos (fueron convertidos en estos animales por sus hermanastros, Hunahpú y Xbalanqué), empuñando plumas y tinteros de concha tallada mientras pintan códices en forma de biombo. Los héroes gemelos Hunahpú y Xbalanqué aparecen muy frencuentemente en el arte y la escritura maya clásica. Ambos suelen llevar sobre la frente la cinta roja y blanca asociada a los soberanos mayas clásicos y, de hecho, el rostro de Hunahpú sirve de glifo para el nombre de un día, Ahau, palabra que significa rey en las lenguas mayas. A Hunahpú se le reconoce por sus características grandes manchas negras en las mejillas y en el cuerpo. Xbalanqué, por otro lado, muestra trozos de piel de jaguar alrededor de la boca y en el torso y las extremidades. Además de aparecer junto a su padre y a los monos escribas, los gemelos son representados frecuentemente disparando con sus cerbatanas a la figura del pájaro gigante Vucub Caquix. Pero este pájaro no es una guacamaya, sino más bien una criatura mitológica que tiene alas en forma de cabeza de serpiente y un largo y colgante pico, posiblemente inspirado en el Rey Buitre.

El pájaro gigante muerto por los héroes gemelos es muy común en el arte maya del período Protoclásico, es decir, en los comienzos de la civilización maya. El yacimiento de Izapa, situado en la región costera del sur de Chiapas,

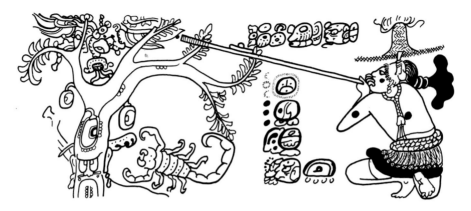

Escena de una vasija maya del período Clásico Tardío, en la que aparece Hunahpú disparando a Vucub Caquix haciéndole salir fuera de su árbol frutal.

Derrota de Vucub Caquix a manos de los héroes gemelos. Estela 2 de Izapa, período Protoclásico.

Posible representación de Hunahpú con su brazo amputado. Detalle de la Estela 25 de Izapa, período Protoclásico.

cerca de la frontera con Guatemala, revela que incluso en esta fecha tan temprana el pájaro gigante estaba claramente relacionado con el personaje del *Popol Vuh*. Existen dos monumentos en Izapa, que se remontan aproximadamente al comienzo de la era cristiana, y que muestran una versión especialmente antigua del episodio de Vucub Caquix. En la Estela 2 de Izapa, el gran pájaro desciende sobre su árbol cargado de frutos; corriendo hacia el árbol aparece un par de figuras humanas, probablemente la más antigua versión conocida en el Nuevo Mundo de los héroes gemelos. El pájaro gigante aparece de nuevo a los pies del árbol frutal, en este caso con la parte inferior de su pico deteriorada y con el ala torpemente doblada bajo su cuerpo. Toda la escena muestra gráficamente la derrota de Vucub Caquix al ser derribado de su árbol por los héroes gemelos. El otro monumento de Izapa, la Estela 25, representa al pájaro gigante suspendido en el aire sobre una figura masculina que sólo posee un brazo; el otro miembro ha sido claramente arrancado, y la sangre fluye del muñón. Esta escena seguramente hace referencia a la batalla en la que Vucub Caquix arranca el brazo a Hunahpú y escapa con él.

Al igual que en el *Popol Vuh*, en el arte maya del período Clásico los héroes gemelos están relacionados con el juego de pelota. En el yacimiento de Copán, un marcador de piedra procedente de un juego de pelota que aún existe representa a Hunahpú jugando contra el dios de la muerte. En el marcador de otro juego de pelota del período Clásico Tardío, descubierto cerca de Chinkultic, vieja ciudad maya situada en las tierras altas de Chiapas, un jugador de pelota vestido con los símbolos de la muerte golpea la pelota con sus caderas. Suavemente tallada en la pelota se puede ver la cabeza de Hunahpú, trayendo a la memoria el episodio del *Popol Vuh* en el que los dioses de la muerte juegan con la cabeza de Hunahpú tras hacerse con ella en la Casa de los Murciélagos. Estos marcadores de las canchas de juego de pelota revelan que los mayas del período Clásico volvieron a representar en las canchas reales el juego mitológico entre los héroes gemelos y los señores de Xibalbá.

En uno de los más comunes e importantes temas sobre los héroes gemelos representados en la cerámica maya clásica, éstos aparecen ayudando a su padre, el dios del maíz. En las escenas de ciertas vasijas, los hermanos están de

Dibujo de una vasija del período Clásico Tardío que representa el surgimiento de las entrañas de la tierra del dios del maíz. A ambos lados de la concha abierta de la tortuga marina, un par de figuras del dios Chac empuñan rayos como armas, entre ellas, a la derecha, un hacha relampagueante con la base en forma de serpiente candente.

pie en el agua junto a las jóvenes desnudas y sostienen los ropajes y adornos del dios del maíz, tales como sus joyas y un saco. Ciertas escenas revelan que este saco contiene granos de maíz, lo que representa la esencia de su padre. En un episodio relacionado con éste, los gemelos aparecen junto al dios del maíz mientras éste emerge de la concha de una tortuga marina. Entre los antiguos mayas, la tortuga marina es utilizada como metáfora de la tierra que flota en el mar, y es bastante probable que esta escena represente al dios del maíz que resucita de las entrañas de la tierra. En una escena de una vasija, un par de Chacs aparecen blandiendo rayos mientras flanquean el caparazón. Esta escena representa la versión maya del origen de la civilización del maíz procedente del Monte Tonacatepetl (véase p. 39). En la mitología maya –aún presente en la zona maya actual– los Chacs parten en dos la roca del maíz utilizando el rayo.

Aunque no se menciona en el *Popol Vuh*, la resurrección del dios del maíz gracias a los héroes gemelos y a los Chacs da una importante visión sobre el significado que subyace al viaje de los héroes gemelos en busca de su padre. Además de estar movida por la venganza, su misión es resucitarlo del Inframundo y, de esta manera, traer el maíz a la superficie de la tierra. Pero este episodio probablemente signifique algo más que el simple origen del maíz. En el *Popol Vuh* de los quichés, la búsqueda del maíz es inmediatamente posterior a la derrota de Xibalbá y al renacimiento parcial de Hun Hunahpú y Vucub Hunahpú. Este maíz es la fuente de los actuales seres humanos, el pueblo del maíz. Así pues, para el período Clásico, el complicado viaje al Inframundo realizado por el dios del maíz y sus hijos tiene como fin último el origen del hombre –la creación de la humanidad por medio del maíz. Tanto por su contenido como por su significado es muy similar al descenso al Inframundo de Quetzalcóatl para recuperar los huesos de los que los hombres habían de ser hechos. En la mitología azteca, estos huesos fueron convertidos en harina por la anciana diosa Cihuacoatl, y en el episodio del *Popol Vuh* la vieja Xmucané muele el maíz del que los hombres serán por fin creados.

La mitología maya de Yucatán

A diferencia de lo que ocurre en las tierras altas mayas quichés, se cuenta con muy escaso material mitológico disponible sobre el siglo XVI maya de la Península de Yucatán. Es realmente Fray Diego de Landa quien proporciona una detallada información sobre el ritual y los calendarios mayas yucatecos, pero lamentablemente hace muy poca mención a mitos concretos. La única excepción es una breve referencia a los sostenedores del universo y a la sangre (véase p. 69). Los tres libros prehispánicos yucatecos conocidos como los códices de Dresde, Madrid y París contienen sólo referencias tangenciales a episodios mitológicos. La poco comprendida simbología de los «números-serpientes» del Códice de Dresde, hace referencia a hechos de remota antigüedad, anteriores al presente Baktún o ciclo que comenzó en el 3114 a.C. Como sucede con fechas igualmente remotas del período Clásico, estas referencias anteriores al 3114 a.C. probablemente tengan relación con acontecimientos mitológicos tales como los orígenes de determinados dioses y la creación del mundo actual. Digno de mención es el hecho de que las figuras prehispánicas de Xbalanqué y Hunahpú son representadas en los códices yucatecos, y con frecuencia son asociadas con el dios del maíz. Así pues, aunque la epopeya del *Popol Vuh* procedente de la época colonial se conserva sólo en la versión maya quiché, probablemente existió también otra versión entre los mayas postclásicos del Yucatán.

Las fuentes más importantes de la antigua mitología maya yucateca son los antiguos manuscritos indígenas conocidos como los Libros de Chilam Balam. Estos libros no son anteriores al siglo XVII, y los mitos conservados en ellos son con frecuencia fijados según los ciclos calendáricos, especialmente los basados en la Cuenta Larga maya. Aunque esto podría ser molesto para el lector moderno, es una convención tradicional de las tierras bajas mayas para la narrativa sagrada y posee una respetable antigüedad; los acontecimientos mitológicos de los pasajes en números-serpientes del Códice de Dresde y las inscripciones mayas clásicas son presentados de una forma similar. Los tres Libros de Chilam Balam, que toman el nombre de las ciudades de Chumayel, Tizimín y Maní, contienen referencias prácticamente idénticas sobre la sangre y el restablecimiento del mundo. Los pasajes contenidos en estos Libros de Chilam Balam tienen rasgos comunes con la mitología azteca de la creación, así como con las crónicas de Landa y el Códice prehispánico de Dresde.

Mitología yucateca de la creación y del diluvio

La *Relación de las cosas de Yucatán*, obra del siglo XVI escrita por Diego de Landa, alude al diluvio cuando trata de los cuatro sostenedores del universo, conocidos como Bacabes:

Entre la multitud de dioses que esta nación adoraba, se veneraban a cuatro, a cada uno de los cuales llamaban Bacab. Decían que eran cuatro hermanos a quienes Dios colocó, cuando creó el mundo, en los cuatro puntos cardinales, sosteniendo el cielo para que no se cayera.

Fragmento de un pasaje de números-serpientes. Chac y un conejo se sientan en las bocas de serpientes marcadas con números que representan vastas unidades de tiempo. Códice de Dresde, p. 61

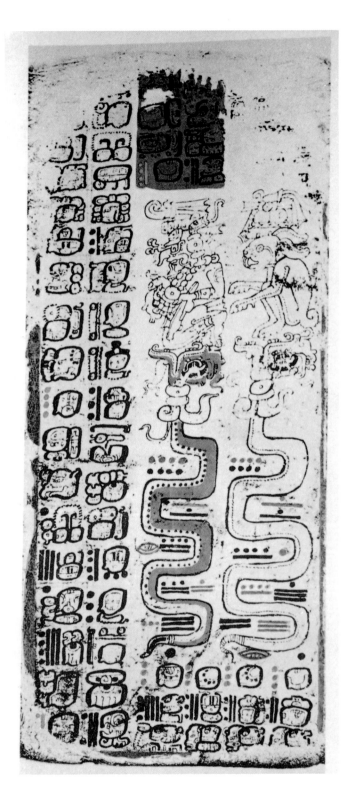

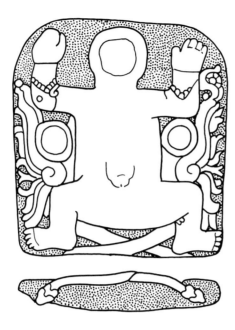

Escultura maya yucateca que representa a Tlaltecuhtli con un par de serpientes entrelazadas. Mayapán, período Postclásico Tardío.

También decían de estos Bacabes que habían escapado cuando el mundo fue destruido por el diluvio.

Estos Bacabes, sostenedores del universo, son probablemente las representaciones del antiguo dios maya conocido como Pauahtun. De naturaleza cuádruple, este anciano es frecuentemente representado como un sostenedor del universo en el antiguo arte maya y podría personificar a las montañas en las que se apoya el cielo en los cuatro ángulos del mundo maya.

En los relatos sobre el diluvio que se ofrecen en los libros coloniales de Chilam Balam, éste puede entenderse como un hecho de la creación, puesto que lleva directamente al origen del mundo actual. Los principales protagonistas son Ah Muzencab, posiblemente dios de las abejas, y los Oxlahun-ti-kú y Bolon-ti-kú, cuyos nombres probablemente hacen referencia al cielo y al Inframundo respectivamente, ya que se pensaba que el cielo poseía trece (*oxlahun*) niveles y el Inframundo nueve (*bolón*). En este episodio, el diluvio es provocado cuando Ah Muzencab y los Bolon-ti-kú atacan a los Oxlahun-ti-kú y toman sus insignias. Como ocurre en la crónica de Landa, tanto la versión de Chumayel como la de Maní mencionan a los Bacabs en relación con el diluvio:

Caerá un agua torrencial cuando se produzca el robo de las insignias de los Oxlahun-ti-kú. Entonces se caerá el cielo, se precipitará sobre la tierra, cuando los cuatro dioses, los cuatro Bacabes, sean creados, ellos causarán la destrucción del mundo.

Al igual que en el *Popol Vuh*, el episodio del diluvio yucateco incluye la destrucción de una raza de hombres anterior no inteligente; sin embargo, los textos yucatecos no especifican el material de la que habría estado hecha esta antigua raza.

Las versiones de Maní y Tizimín sobre el diluvio también se refieren a la muerte del gran caimán de tierra conocido como Itzam Cab Ain, Gigante Pez Caimán

Códice de Dresde, p. 74, probable representación del diluvio.

de Tierra, que se identifica tanto con la tierra como con el diluvio. En ambas relaciones el caimán es muerto por los Bolon-ti-kú:

Entonces tiene lugar la gran inundación de la tierra. Entonces se yergue el gran Itzam Cab Ain. El fin del mundo, el fin del *katún*: ese es un diluvio que traerá el final del mundo del *katún*. Pero ellos no se pusieron de acuerdo, los 9 Dioses (Bolon-ti-kú); y después le cortarán el cuello a Itzam Cab Ain, que lleva la tierra sobre sus espaldas.

Este episodio es muy similar al que aparece en la mitología azteca, en el que Tlaltecuhtli o un gran caimán es sacrificado para crear la tierra, y es posible que esta sección de la crónica maya del diluvio haya sido una introducción procedente de la región central de México en el período Postclásico. Una escultura procedente del yacimiento postclásico tardío de Mayapán en la península de Yucatán representa la figura del dios Tlaltecuhtli azteca que aparece sentado en cuclillas, postura característica en las representaciones de este dios. Acompañan a la figura dos serpientes, trayendo a la memoria el episodio de la *Histoyre du Mechique* en el que Tezcatlipoca y Quetzalcóatl descuartizan a Tlaltecuhtli transformándose ambos en dos serpientes.

Inmediatamente después del diluvio, cinco grandes árboles son situados en los cuatro puntos cardinales y en el centro para sostener el cielo. En las tres crónicas, estos árboles del universo se asocian, además de con los puntos cardinales, con colores y pájaros. Esta es la descripción de este hecho en la versión de Chumayel:

Después de que la destrucción del mundo fuese consumada, colocaron un árbol con el fin de que la dorada oropéndola macho creara su especie. Luego fue levantado el árbol de la abundancia. Fue erigido un pilar del cielo, un símbolo de la destrucción del universo; ese fue el árbol blanco de la abundancia en el norte. Posteriormente fue creado el árbol negro de la abundacia en el oeste, para que en él se sentara el *pidzoy* de negro pecho. Después el dorado árbol de la abundancia fue creado en el sur, como símbolo de la destrucción del mundo, para que en él se sentara el *pidzoy* de dorado pecho, para que se sentara en él la dorada oropéndola macho, el tímido *mut*. Luego el árbol verde de la abundancia fue erigido en el centro del mundo como testimonio de la destrucción del mundo.

En las versiones de Maní y Tizimín, el primero de los árboles se coloca en el este y es rojo. En el libro de Maní también se dice que este primer árbol del oriente, el Chac Imix Che, sostiene el cielo y es un símbolo del amanecer.

La mitología de la creación y los calendarios en Yucatán

Ya hemos señalado que buena parte de la mitología de la creación hallada en los Libros de Chilam Balam está expresada en términos calendáricos. Por ejemplo, las tres versiones citadas sobre el diluvio y la creación del mundo tienen lugar en el 11 Ahau Katún, que es el primero de los trece katunes de aproximadamente 20 años que se repiten en un ciclo de unos 260 años. Designados individualmente por la fecha del día 260 en el cual terminan, los trece katunes finalizan invariablemente con el nombre del día Ahau y comienzan con el de Imix (correspondiente en el calendario azteca al nombre del día Cipactli o caimán). Aunque todos ellos son designados por diversos colores, los árboles creados después del diluvio son todos llamados Imix Che, o árboles Imix, aludiendo posiblemente al primer día de un nuevo ciclo de katunes.

No sólo son descritos los hechos de la creación siguiendo los ciclos del calendario, sino que estos rituales expresan frecuentemente episodios de la creación. La crónica que hace Landa del diluvio y de los Bacabes sostenedores del universo no es sino el prólogo a un detallado análisis sobre las celebraciones del año nuevo maya en Yucatán, que señalaban la conclusión y renovación del impreciso año de 365 días. El Códice prehispánico de Dresde contiene una situación similar: la escena de la página 74 de este Códice ha sido generalmente interpretada como una representación de la destrucción del mundo y del diluvio. Una franja de cielo que recuerda en cierto modo a un reptil y del que manan tres grandes canales de agua domina la parte superior de la escena. Abajo, la anciana diosa Chac Chel (Ix Chel) vierte agua de una jarra, y un dios negro, probablemente Chac, aparece blandiendo sus armas. Además de mencionar los nombres de los Bacabes, Chac y Chac Chel, el texto que acompaña a esta escena también hace referencia al cielo negro y a la tierra negra, probable alusión a la destrucción del universo.

En la paginación original del Códice de Dresde, la página 74 precedía inmediatamente a las páginas relativas a la fijación del nuevo año según lo describía Landa. Uno de los hechos primarios en estas páginas del nuevo año prehispánico es la erección de los cuatro árboles direccionales del mundo, siendo el primero de ellos el árbol rojo del este. Como en la crónica de Landa sobre el diluvio, la página 74 introduce la ceremonia del nuevo año a través de la destrucción

La erección en el nuevo año del árbol del mundo situado en el oeste. Códice de Dresde, p. 27.

y la renovación del mundo, y la creación de los árboles significa, precisamente, dicha renovación del mundo. Las celebraciones del nuevo año eran las rituales reconstrucciones anuales de la destrucción y la nueva creación del mundo. Los documentos gráficos del diluvio y de la erección de los árboles del mundo mostrados por los tres Libros de Chilam Balam revelan que la fijación ritual del Katún y los otros períodos de la «Cuenta Larga» eran considerados en términos muy similares.

Lejos de limitarse al área maya, la documentada mitología de los antiguos quichés y yucatecas comparte con los mitos aztecas numerosos rasgos. Como los aztecas, los mayas del período Postclásico de la Península de Yucatán y de las tierras altas de Guatemala creían en la existencia de mundos anteriores, y pensaban que un diluvio precedió inmediatamente a la creación de la era presente. El descenso al reino del Inframundo de Xbalanqué y Hunahpú en busca de su padre y su triunfo sobre los dioses de la muerte recuerda el viaje al Inframundo de Quetzalcóatl para recuperar los huesos de la creación anterior. El arte maya clásico sugiere que el significado subyacente tanto a los mitos quichés como a los mayas es más o menos idéntico. Parece que, en ambos casos, el descenso al Inframundo es una búsqueda de la materia de la que está hecha la humanidad. Las representaciones mayas clásicas de la forma en que los héroes gemelos resucitan a su padre revelan la gran antigüedad de la versión maya, demostrando que no era una incorporación relativamente reciente procedente del México Central.

No hay duda de que ciertos aspectos de la mitología maya proceden del México central del Postclásico. De esta forma, el *Popol Vuh* menciona a Gucumatz, la serpiente emplumada, y a la ciudad de Tollan. El episodio yucateco de Itzam Can Ain está claramente relacionado con el mito azteca que describe el desmembramiento del monstruo de la tierra. La escultura de Mayapán, anteriormente citada, en la que aparece el monstruo terrestre sentado en cucli-

Posible representación clásica del caimán del diluvio, reminiscencia de una franja celeste a modo de reptil que aparece en la página 74 del Códice de Dresde. Detalle de un vaso maya del período Clásico Tardío.

llas, sugiere que los mayas de Yucatán tenían conocimiento de la mitología azteca e incluso de sus convenciones iconográficas. Sin embargo, los mayas clásicos también podrían, perfectamente, haber concebido un gran caimán terrestre asociado con el diluvio. Una vasija maya del período Clásico Tardío que aún se conserva representa a un caimán suspendido del cielo con los símbolos de la muerte y del agua, que trae a la memoria la franja del cielo en forma de reptil de la página 74 del Códice de Dresde. La fecha asociada con esta escena es el 4 Ahau 8 Cumku, que señala el comienzo del gran Baktún actual que se inició en el 3114 a.C. ¿Podría este acontecimiento del calendario de Cuenta Larga constituir una versión clásica del diluvio y la nueva creación del mundo que le siguió? Si así fuera, la colocación en el período Clásico de estelas de piedra conmemorativas de las épocas importantes de la Cuenta Larga podrían ser las reconstrucciones rituales de la erección de los árboles del mundo en la creación de la era presente.❐

Mitología Mesoamericana

En las crónicas de la antigua Mesoamérica que se conservan sobre la creación, los mitos rara vez se alejan del mundo natural. Hay frecuentes menciones a los dioses del viento, del rayo, del agua, de los cuerpos celestes y de otros fenómenos naturales. Los procesos relacionados con el ciclo agrícola también juegan un papel especialmente importante y, según el *Popol Vuh*, la misma carne de los humanos fue creada del maíz. Resulta fácilmente deducible de estas fuentes que los humanos tienen una responsabilidad inherente –literalmente, una deuda de sangre– para con los dioses que hicieron posible su existencia. Las periódicas series de creaciones y destrucciones del universo son una advertencia continua de las consecuencias que puede acarrear el incumplimiento de esta obligación.

Los calendarios y la astrología servían de patrones básicos en la organización y observancia de los procesos del mundo natural, y de este modo no es sorprendente que también cumplieran un papel relevante en la mitología de la antigua Mesoamérica. Los mitos sobre las creaciones y destrucciones del mundo se suelen expresar con frecuencia a través de acontecimientos marcados por el calendario. Esto es especialmente cierto en el caso del Yucatán en el período Postclásico Tardío, donde las imágenes de la destrucción y renovación del mundo son repetidamente utilizadas para expresar la finalización calendárica del año de 365 días y del ciclo de katunes. Pero la relación mesoamericana entre los hechos calendáricos y la mitología no es simplemente metafórica: los ciclos del calendario fueron utilizados para predecir los posibles períodos en los que el mundo podría ser destruido. Los finales de estos períodos calendáricos eran considerados aterradores y poderosos momentos de mitología viva, en que los dioses y otras fuerzas de la creación y del caos podían volver a luchar en el mundo de los mortales.

Los calendarios, la astrología y la mitología de la antigua Mesoamérica estaban, pues, integrados en un simple y convincente sistema de creencias. Durante la vigilia del fuego nuevo azteca, que marcaba el final en el calendario del ciclo completo de 52 años, los habitantes de Tenochtitlan observaban llenos de angustia a determinados grupos de estrellas para ver si el mundo continuaría existiendo, o si por el contrario sería destruido. La profunda influencia en la vida mesoamericana de los movimientos del sol, las estrellas, los planetas y otros cuerpos celestes también se reflejaba en la mitología. Tales cuerpos celestes como Tlahuizcalpautecuhtli, Mixcoatl y Tonatiuh aparecen muy extensamente en la mitología del México Central. Un estudio reciente realizado por Linda Schele y David Freidel plantea que la versión maya clásica del viaje de los héroes gemelos y de su padre por el tenebroso reino de Xibalbá se veía representada todos los años en el desfile de las constelaciones a través de la Eclíptica –es decir, la misma trayectoria anual que se observa en el zodíaco de las constelaciones del Viejo Mundo. Para respaldar esta teoría, apuntan que en un gran número de lenguas mayances la galaxia de la Vía Lactea aparece con el nombre de Xibal Be, el camino de Xibalbá. Estas investigaciones, aún en curso, proponen la interesante posibilidad de que los aparentes movimientos de las estrellas y de los planetas bien pudieran haber servido como modelo estructural básico en el desarrollo de la mitología mesoamericana.

Si la comparamos con mitologías del Viejo Mundo como las de Mesopotamia, Egipto o Grecia, aún se sabe mucho menos de los antiguos mitos de Mesoamérica. Es evidente que ahora entendemos sólo una fracción de la mitología existente en el momento en que se produjo la conquista, y aún mucho menos de los mitos del período Clásico. Como ya hemos hecho notar, el descuartizamiento de Tezcatlipoca por Xiuhtecuhtli que aparece en la página una del Códice Fejérváry-Mayer no es recogido en los mitos del antiguo México Central, y esto mismo se puede decir de muchos episodios ilustrados en las páginas centrales del Códice Borgia. En cuanto a los mayas clásicos, en muchas escenas de vasijas se representan episodios claramente mitológicos que no tienen relación directa con el *Popol Vuh* o con otras mitologías mayas de los períodos postclásico, colonial o contemporáneo. Un magnífico ejemplo, representado en una serie de vasijas policromadas, es el robo del gran sombrero y las insignias de un viejo dios llevado a cabo por un conejo. Ni siquiera se conoce el nombre maya de esta vieja deidad, y en la actualidad se le denomina simplemente como el Dios L.

Escena de una vasija maya del período Clásico Tardío, en la que se representa a un conejo apoderándose de las ropas y las insignias del viejo Dios L.

Escena que ilustra la resurrección del dios del maíz, la figura clásica de Hun Hunahpú, saliendo de las entrañas de la tierra, simbolizada por la concha abierta de una tortuga marina. Sus dos hijos, Hunahpú y Xbalanqué, aparecen ayudando a su padre, y los tres están acompañados de los glifos que identifican sus nombres. Interior de un cuenco de cerámica maya del período Clásico Tardío.

Sin embargo, es difícil que tales mitos de la civilización maya clásica se pierdan para siempre. Recientemente han tenido lugar grandes avances en el desciframiento de los jeroglíficos mayas, y al menos ya es posible leer los nombres y hazañas de dioses concretos. En cuanto al estudio de los antiguos mayas, la situación actual es muy similar al aluvión de análisis e interpretaciones que se produjo en el siglo XIX, cuando se logró descifrar los jeroglíficos egipcios y la escritura cuneiforme mesopotámica. Las próximas décadas, por lo tanto, prometen ser una época extremadamente interesante en el estudio de la antigua religión maya.

A diferencia de lo que ocurre en el Viejo Mundo con las mitologías de Mesopotamia, Egipto y Grecia, muchos de los episodios míticos y de sus protagonistas, mencionados en este libro, forman parte todavía de la mitología mesoamericana contemporánea. Las aventuras de Nanahuatzin continúan siendo invocadas por las gentes de habla nahuatl que viven en la Sierra de Puebla. Los mitos de los Coras y Huicholes, tribus de la zona occidental de México, tienen muchas similitudes con la conocida mitología azteca. Al igual que la versión maya clásica del *Popol Vuh* puede arrojar luz sobre la epopeya quiché, los mitos contemporáneos con frecuencia ofrecen percepciones cruciales en la interpretación de los a menudo lacónicos textos de la época del contacto con los españoles. Las mitologías modernas de los kekchies, mopanes y otros pueblos mayas, generalmente, contienen episodios y motivos relacionados con el *Popol Vuh*. Esto también es aplicable a las mitologías de los mixes, popolocas y totonacos de Oaxaca y Veracruz, que ofrecen manifiestos paralelismos con el *Popol Vuh*, por lo general relacionados con los orígenes del dios del maíz. Aunque las mitologías mesoamericanas modernas suelen contener con frecuencia elementos que en origen no son prehispánicos –tales como santos católicos y hechos históricos relativamente recientes–, esto no significa que estemos ante una tradición mitológica agonizante o decadente, sino más bien son prueba de un floreciente legado oral que continúa respondiendo a un mundo en constante cambio.◻

BIBLIOGRAFÍA

La religión mesoamericana es un tema vasto y complejo, y hay relativamente pocas obras que lo abarquen en su totalidad. *Religions of Mesoamerica* de D. Carrasco (San Francisco, 1990) ofrece una amplia visión de conjunto de la religión mesoamericana, e incluye dos capítulos dedicados a los ritos y creencias aztecas y mayas. Al incorporar unos capítulos preliminares sobre la religión en Mesoamérica, la obra de M. Miller y K. Taube (Londres, 1992): *Gods and Symbols of Ancient Mexico and the Maya*, ofrece al lector una enciclopedia ilustrada de terminología religiosa de gran interés. En cuanto a *Flayed God* de R. Markman y P. Markman (San Francisco, 1992) se centra específicamente en la mitología mesoamericana y contiene traducciones de textos del primer período colonial. Además de éstos, otro texto dedicado a la mitología mesoamericana, *The Mythology of Mexico and Central America,* de J. Bierhorst (Nueva York, 1990), es una valiosa síntesis tanto de la mitología mesoamericana antigua como de la contemporánea.

Para profundizar en la religión azteca y de la región central de México, siguen siendo imprescindibles las prolijas contribuciones de E. Seler, cuyos estudios han sido reunidos en *Gesammelte Abhandlungen zur Amerikanischen Sprach-und Altertumskunde.* Un excelente debate acerca de la visión del mundo y de la filosofía de los aztecas puede hallarse en *Aztec Thought and Culture* de M. León-Portilla (Norman, Okla., 1963). *The Great Temple of the Aztecs* (Londres, 1988) de Matos Moctezuma ofrece un estudio completo del mito de Huitzilopochtli y de las recientes excavaciones en el Templo Mayor.

De las primitivas fuentes coloniales sobre la religión azteca, el Códice Florentino es de fundamental importancia. Una reciente traducción del náhuatl de la *Leyenda de los soles* se puede encontrar en *Cantos y crónicas del México antiguo,* ed. de Miguel León-Portilla, (Madrid, 1986). La *Historia de los mexicanos por sus pinturas* y la *Histoyre du Mechique* pueden hallarse en *Teogonía e historia de los Mexicanos* de A.M. Garibay (Ciudad de México, 1965). Además es la mayor utilidad, también en castellano, la recopilación que bajo la dirección de M. de la Garza y M. León-Portilla se recoge bajo el título general de *Literatura Maya* (Caracas, 1980). En dicha colección se recogen los principales textos míticos e históricos conservados.

El desciframiento de la escritura jeroglífica maya es esencial para el estudio de la antigua religión maya. Dos estudios recientes de la historia del desciframiento y la naturaleza de la escritura jeroglífica maya se incluyen en *Maya Glyphs* de S. Houston (Londres y Berkeley, 1989) y en *Breaking the Maya Code* de M. Coe (Londres, 1992). Como introducción a algunos de los últimos avances en el estudio de la escritura y la religión mayas clásicas podemos recomendar la lectura de *The Blood of Kings* de L. Schele y M. Miller (Fort Worth, Tex., 1986; Londres, 1992). *The Major Gods of Ancient Yucatan* de K. Taube (Washington, DC, 1992) describe las identidades e iconografía de las antiguas deidades mayas. Un magnífico corpus de escenas de vasos mayas acompañado de textos y titulado *The Maya Vase Book,* está siendo publicado en la actualidad por J. Kerr, contando ya tres volúmenes (Nueva York, 1989, 1990, 1992).

Se pueden conseguir varias traducciones del *Popol Vuh*, siendo sumamente aconsejable (en el ya citado *Literatura Maya,* Caracas, 1980) la de A. Recinos. En cuanto a la obra de Diego de Landa titulada *Relación de las cosas de Yucatán,* que ofrece gran cantidad de información relevante sobre la religión yucateca del período Postclásico Tardío, hay edición de Miguel de Rivera (Madrid, 1985).

De los Libros de Chilam Balam, testimonios coloniales en lengua maya de Yucatán, los más conocidos son los libros de Chumayel, Tizimín y Maní. Para el *Chilam Balam de Chumayel,* podemos recomendar la edición de Miguel Rivera (Madrid, 1986), o bien la edición de Antonio Mediz (también en *Literatura Maya,* Caracas, 1980). M. Edmonson (Austin, Tex., 1982) ha facilitado una traducción (inglesa) completa del de Tizimín. Una versión del de Maní ha sido publicada por E. Craine y R. Reindorp en el *Códice Pérez y el Libro de Chilam Balam de Maní* (Norman, 1979).

Existen numerosos estudios importantes que describen los mitos y leyendas de la Mesoamérica contemporánea, y muchos de los relatos publicados pueden relacionarse con la mitología prehispánica. Dos valiosas publicaciones acerca de la mitología nahua de las tierras altas de México son *Nahuat Myth and Social Structure* de J. Taggart (Austin, 1983) y *Mitos y cuentos Nahuas de la Sierra Madre Occidental*, una compilación de textos recogidos por K. Preuss en 1907 (Ciudad de México, 1982). Igualmente, puede citarse la antología titulada *La mentalidad náhuatl*, a cargo a José Vila Sema (Madrid, 1984), y la gran recopilación y edición bilingüe de *Poesía Náhuatl* (3 vols., México, 1968) realizada por A. Garibay. En cuanto a los mitos de los modernos pueblos mayas, los tzotziles de Chiapas han sido especialmente bien estudiados, existiendo dos obras importantes: *Chamulas in the World of the Sun* de G. Gossen (Cambridge, Mass., 1974) y *Of Cabbages and Kings* de R. Laughlin (Washington, DC, 1977). En *An Epoch of Miracles* de A. Burns (Austin, 1983) se recoge una compilación de las crónicas mayas de Yucatán, existiendo igualmente una compilación de textos literarios mayas a cargo de José Vila Selma en *La mentalidad maya* (Madrid, 1981).

Créditos de las ilustraciones

Las fotografías han sido proporcionadas por gentileza de:

portada: foto de Justin Kerr; *p. 6:* Sergio Ransford; *p. 9:* Trustees of the British Museum, St.536; *p. 12:* Bodleian Library, Oxford, MS. Arch. Selden. A. I, f.2r; *pp. 14,15:* Akademische Druck-und Verlagsanstalt, Graz; *p. 17 (derecha):* BM St.399; *p. 19:* Akademische Druck-und Verlagsanstalt; *p. 21:* Sahagún, *Historia general de las cosas de Nueva España, 1905-9; p. 26:* León y Gama, *Descripción histórica y cronológica de las dos piedras que se hallaron en la Plaza Principal de México,* 1832; *p. 30:* BM 1974. AM8; *p. 32:* BM 1825. 12-10. 11; *pp. 35,38:* Akademische Druck-und Verlagsanstalt; *p. 43 (arriba):* Dra. Emily Umberger; *p. 46:* foto de Irmgard Groth-Kimball; *p. 48:* Sahagún, *Historia general de las cosas de Nueva España, 1905-9; p. 57:* Alice Wesche; *p. 61:* BM 321-1886; *p. 68:* American Philosophical Society, Philadelphia; *p. 71:* Akademische Druck-und Verlagsanstalt.

Salvo que estén acreditadas, las fotografías y los dibujos de líneas son obra de Karl Taube.

Índice de nombres